의대 합격, 초등 공부에 길이 있다

의대 합격
초등 공부에
길이 있다

대치동 의대 전문 컨설턴트가 알려 주는
의대 진학 과목별 초등 공부법

신진상 지음

포르★세

의사를 꿈꾸는 아이와 학부모님께

대한민국 의대 열풍이 정말 뜨겁습니다. 출생율이 낮아지며 학령 인구는 가파르게 줄고 대학 경쟁률은 떨어지고 있는데 의대 경쟁률은 천정부지입니다. 대한민국 의대는 인재 블랙홀이 되고 있습니다. 이미 진로와 진학이 어느 정도 결정된 고등부에서만 그런 게 아닙니다. 초등과 중등은 더합니다. 초등학생 중에서 '나는 의대에 갈 거야'라고 스스로에게 주문을 걸고 주변에도 자랑스럽게 말하는 아이들은 4명 중 1명이 넘습니다.* 중등도 비슷한 수치입니다. 선행 학습을 하고 학교 시험에서 어느 정도 성적이 나오는 상위권 학생이라면 모두가 의대, 의대하는 현상이 벌어지고 있습니다.

의대 인기가 높은 건 하루 이틀 일이 아닌데 왜 갑자기 호

들갑을 떠나고요? 물론 70~80년대에도 의대의 인기는 높았습니다. 의사 사위를 얻으려면 병원, 아파트, 자동차 열쇠 3개가 필요하다는 말이 있을 정도로 의대의 인기가 높았지요. 그러나 아무리 의대의 인기가 높다고 해도 80년대 서울대 의대의 입학 커트라인 점수는 서울대 법학과나 경제학과보다 낮았습니다.* 지금은 서울대 의대와 어깨를 견주는 연세대 의대는 서울대 공대의 거의 모든 학과보다 커트라인이 낮았습니다. 의대의 인기는 과거보다 지금 더 높아지고 있고, 이 추세라면 앞으로 공대와의 격차는 더욱 벌어질 전망입니다. 현재도 초등학교 학부모 10명 중 9명이 자녀를 이과에 보내고 싶다고 하는데,** 여러 이유가 있겠지만 가장 결정적인 이유는 의대가 이과에 속해 있기 때문입니다.

입시 설명회와 상담을 통해 매일같이 학부모들을 만나면서 정말 많은 학부모들이 자녀가 의사가 되기를 바라고 있다는 사실을 확인합니다. 학부모가 자녀를 의대에 보내고 싶어 하는 이유는 세 가지입니다. 우선 의사는 전문직으로 나이가 들어도 할 수 있는 유일한 직업입니다. 80대 할아버지도 개원해서 정정하게 환자를 보며 일을 하는 경우는 의사 외에 없습니다. 사회적 지위 또한 높습니다. 〈슬기로운 의사생활〉, 〈낭만닥터 김사부〉 등 메디컬 드라마의 높은 인기는 의사가 안정적으로 돈

*　'84학년도 大入학력고사 成績분포', 경향신문, 1983.12.29
**　김주연, '초·중 학부모 10명 중 9명 "문과 말고 이과"', 서울신문, 2023.05.21, https://www.seoul.co.kr/news/newsView.php?id=20230521500058

을 버는 직업이면서 사회적 지위 또한 높다는 사실을 증명합니다. 마지막 한 가지는 갈수록 고령화되어 가는 한국 사회에서 아픈 사람을 치료하는 의사는 가장 비전이 있는 직업이라는 점입니다. 그렇다면 이런 질문이 남습니다. 의대는 도대체 언제부터 어떻게 준비해야 할까?

정답을 먼저 알려 드리자면 초등학교 4학년이 의대 입시를 준비하기에 가장 좋은 시점입니다. 초등 4학년 때부터 수학 선행 학습을 시작하며 본격적인 의대 입시 레이스를 펼치기 때문입니다. 그다음으로 좋은 시기는 초등 5학년, 그다음은 초등 6학년입니다. 늦게 시작할수록 의대 입학 확률은 떨어집니다. 빨리 시작하면 더 많이 준비해 의대에 더 가까이 다가갈 수 있기 때문입니다. 결론은 초등부터 의대 입시를 준비하라는 말이 됩니다.

저는 기자 시절 조선일보 주간조선에서 잠시 의료 부문 취재를 하다, 신문사를 그만두고 입시계에서 논술 강사 일을 시작했습니다. 그러다 2008년 국내에 최초로 입학사정관제가 도입되었을 때 남들보다 빨리 입시 컨설턴트가 되었습니다. 이후 15년 동안 가장 많이 만난 학생들이 의대 진학 희망생들이었습니다. 한 해에는 서울대 의대를 수시로만 10명 이상 보낸 적도 있습니다. 가장 화려하다는 영재학교 학생들의 생활기록부를 가장 많이 본 사람도 저라고 자부합니다. 서울 대치동 외에 부산, 대구, 광주, 전주, 대전 등 전국을 돌면서 수많은 일반고 최상위권의 사례를 모았습니다. 그리고 의대에 합격하는 학생들의 멘토가 되기 위해 대한민국에서 출간되는 의학 관련 서적을 전부 읽으면서 의대 입시뿐 아니라 의사라는 직업을 이해하고자 노력했습니다. 이 책은 제가 아는 의대 입시의 모든 것을 초등학교, 중학교 학부모의 눈높이에서 전하는 책입니다. 아무리 지금까지 의대 열풍이 폭발적이었어도 초등학교 때부터 의대 준비를 도와주는 책은 없었습니다. 저는 자녀를 의대에 보내고 싶은 초등과 중등 학부모들이 의대 입시에 대해 정확히 알고, 의대가 원하는 인재가 무엇인지 파악해 자녀를 변화하는 의대 입시 제도에 맞는 인재로 키우는 방법을 전하고자 이 책을 썼습니다.

이 책을 읽는 분들이 의대 입시에 정통한 정보통이 되었으면 합니다. 이 책은 다음과 같이 구성돼 있습니다. 1장에는 의사가 되기 위한 과정, 의사가 되려는 아이의 동기부여 방법에 대한 내용을 담았습니다. 의사가 되기 위한 방법의 출발은 항상 동기부여가 되어야 합니다. 의사가 어떤 직업인지 학부모가 제대로 알아야 아이들에게 무엇보다 강한 동기부여가 필요하다는 사실을 깨달으실 수 있습니다. 동기부여 다음으로 중요한 것은 공부법입니다. 2028 대입 개편안이 발표되면서 이제 의대 입시에서는 수학, 과학뿐 아니라 국·영·수·사·과가 모두 중요해졌습니다. 2장에서는 각 과목의 공부법을 초등학교 학부모부터 중학교 1, 2학년 학부모가 알아야 하는 범위까지 소개합니다. 3장은 공부에 필요한 만큼만 사교육을 이용하는 방법에 대한 내용입니다. 의대 입시는 학원 선택이 학교 선택만큼이나 중요하기에 학부모가 사교육 활용법에 대한 올바른 정보를 가지고 있어야 합니다. 4장에서는 중학교와 고등학교는 어떻게 선택해야 하며, 학교생활은 어떻게 해 나가야 하는지에 대해 이야기합니다. 아직 초등학교 학부모는 고등학교 선택이 먼 미래처럼 보일 수 있지만 중요한 사실은 어떤 의대에 가야 하는지보다 어떤 고등학교에 가야 하는지를 먼저 선택해야 한다는 점입니다. 마지막으로 5장에서는 2028 대입 개편안을 의대라는 관점에서 해부해 보고 각 전형 별로 의대에 가는 방법을 담았습니다.

저는 여러분들의 의대 멘토가 되고자 이 책을 썼습니다. 궁금한 내용이 생기면 언제든 책에 적힌 제 메일로 질문을 보내셔도 좋습니다. 이 책을 통해 여러분의 꿈인 자녀의 의대 입학이 꼭 이루어지기를 바라겠습니다.

2023년 12월
입시 컨설턴트 신진상

목차

1장   의대 공부의 시작, 동기부여

2장　의대 맞춤 과목별 공부법

5장 의대 입시 전략

1장

의대 공부의 시작,
동기부여

15년 동안 입시 현장에서 학부모 상담을 하며 의대 입시에서 가장 중요한 건 동기부여라는 점을 매번 확인합니다. 동기부여가 되어야 공부가되지, 공부를 열심히 한다고 저절로 동기부여가 되는 것은 아니기 때문입니다. 의사 꿈이 의미 있는 도전이 되려면 먼저 동기부여가 되어야 합니다. 의대 입시에서 변하지 않는 진실은 선 동기부여, 후 공부입니다.

1

의사가 되기까지

　의대에 진학하는 것은 의사가 되기 위한 첫걸음입니다. 국내 대학 중 직업을 정하고 대학에 가는 경우는 의대와 의학 계열로 함께 묶이는 치대, 한의대, 약대, 수의대 그리고 간호대뿐입니다. 소위 전문직이라고 불리는 직업들이지요. 이 계열의 공통점은 서울대 외의 대학에 들어가기도 서울대 입학 못지 않게 힘들다는 점입니다. 수능 점수가 최상위권인 학생들은 대부분이 의대에 가기를 희망합니다. 이미 서울대 위에 의대가 존재한 지 오래라는 이야기입니다.

의사가 되기만 하면 상대적으로 유복한 삶과 저녁이 있는 여유로운 삶을 살지만 의사가 되는 과정은 피를 말린다는 표현이 적절할 정도로 무척 힘든 일입니다. 먼저 6년 동안 대학에서 공부를 해야 합니다. 2년은 예과 과정으로 비교적 쉬운 공부이지만, 본과 4년은 한 주에 약 30시간 이상의 수업을 듣고 거의 매주 쪽지 시험을 치르며 고등학교 3학년 때보다 몇 배 더 많은 공부해야 합니다. 그리고 본과 3학년부터는 병원으로 등교를 하면서 내과, 외과 등 26개의 전공들을 2~3주 단위로 돌아가면서 체험합니다. 6년 동안 공부해야 할 게 정말 많습니다. 그런 다음에 의사 자격 시험을 치러야지만 의사가 됩니다. 다행히도 합격률이 59% 정도인 변호사 시험과 달리 의사 자격 시험은 90% 이상이 당해 합격합니다.

의사 자격 시험에 합격만 하면 의사가 되어 개업을 할 수 있을까요? 그렇지 않습니다. 일반의로 다른 병원에 월급을 받고 취업을 할 수는 있지만 내과, 소아과, 신경정신과와 같은 간판을 걸고 개업을 할 수는 없습니다. 그래서 의대를 졸업한 후 1년 간 인턴이라는 과정을 거치며 병원 응급실에서 응급 환자들을 돌보는 일을 합니다. 물론 응급실 외에 다른 전공도 체험합니다. 전공은 대학 성적과 인턴 성적, 그리고 면접 점수를 합쳐 결정이 되는데, 인기 있는 전공인 안과, 성형외과, 피부과는 경쟁률이 높고 소위 기피과로 불리는 소아과, 산부인과, 그리고 사람의 목숨을 다루는 흉부외과 등은 경쟁률이 낮습니다. 그래서 필수 의료 붕괴라는 말도 나오고 있습니다. 실력 있는 학생들은 노력 대비 임금이 많은 안과, 피부과, 성형외과에 몰리고, 사실 정말 중요한 학과인 소아과, 산부인과, 흉부외과 등의 전공에는 성적이 부족해 인기 학과에 가지 못한 학생들이 가게 됩니다.

이렇게 다양한 전공을 체험해 보는 인턴 과정을 마친 다음에는 자신의 전공을 정해 3년에서 4년 동안 수련을 거칩니다. 이게 바로 전문의 과정입니다. 즉 우리가 동네에서 만나는 의사는 학교에서 공부를 10년 이상 한 사람들입니다. 20세에 대학에 입학한다면 30대 초반에 자신의 직업을 갖게 되는 셈입니다. 전문의가 되면 두 가지 길이 열립니다. 대학병원 교수에 도전해 대학에 남는 방법과 자신의 이름을 걸고 단독으로, 혹은 동업으로 병원을 여는 방법입니다. 이 사이에 펠로우 제도가 있어 2년 정도의 시간을 투자하면 두 전공을 함께할 수도 있습니다. 소아정신과 교수로 유명한 아주대 오은영 교수는 정신건강의학과 레지던트 과정을 거쳐 전문의가 된 뒤, 펠로우 과정으로 2년 동안 소아청소년정신과 수련을 받은 후에 소아정신과 전문의가 된 경우입니다. 물론 남학생은 중간에 군대를 다녀와야 합니다. 군의관이나 공중 보건의로 근무를 할 경우 3년 이상의 시간이 필요하고 현역으로 군대 복무를 할 경우

18개월의 시간이 걸립니다. 이 모든 과정을 거쳐서 본격적으로 돈을 버는 시점은 남자의 경우 35세 정도가 되는 셈입니다.

저는 입시 전문가로서, 의사가 되는 이 전체 과정 중 의대에 입학하는 과정까지만 다루고자 합니다. 마지막 장에서 자세히 소개되겠지만 대한민국에서 의대에 진학하는 길은 총 다섯 가지입니다. 국가가 주관하는 수능이라는 시험을 잘 치러서 높은 수능 점수로 의대에 가는 정시 전형, 수능 성적은 최저 기준만 맞추면 되지만 학교에서 내신 성적을 잘 받아야 하는 수시 학생부 교과 전형, 최저 기준을 맞춘 수능 성적과 내신 성적 외에 봉사 활동, 동아리 활동, 진로 활동, 학급 임원 활동 그리고 수업 시간에 한 수행평가 등을 함께 고려하는 학생부 종합 전형, 본고사 형태로 수학, 혹은 과학의 심화 실력을 측정하는 논술 전형, 그리고 수시와 정시에서 이 네 가지 전형을 사용하되 지원자를 해당 의대가 있는 지역으로만 한정하는 지역인재 전형이 있습니다. 다섯 가지 모두 결코 쉽지 않은 길입니다. 그래서 그 멀고도 험한 길을 버틸 수 있는 강한 멘탈과 동기부여가 절대적으로 필요합니다.

2

의대 준비 전
동기부여가 필요한 이유

　15년 동안 입시 현장에서 학부모 상담을 하며 의대 입시에서 가장 중요한 건 동기부여라는 점을 매번 확인합니다. 동기부여가 되어야 공부가 되지, 공부를 열심히 한다고 저절로 동기부여가 되는 것은 아니기 때문입니다. 의사 꿈이 의미 있는 도전이 되려면 먼저 동기부여가 되어야 합니다. 의대 입시에서 변하지 않는 진실은 선 동기부여, 후 공부입니다. 그러나 동기부여는 쉽지 않습니다. 해마다 느끼는 사실이지만 어쩌면 공부보다도 더 어려운 것이 동기부여입니다. 자녀를 의대에 보낸 학부모들은 어떻게 자녀가 초등학교 때부터 의사라는 꿈을 위해 자신을 통제하고, 힘들고 싫어하는 과목이라도 열심히 공부하도록 만들었을까요?

동기부여를 할 수 있는 한 가지 방법은 자신의 경험입니다. 어린 시절 몸이 아팠던 경험이 있는 학생은 친절하면서도 꼼꼼한 의사 선생님의 모습을 보며 나도 언젠가는 그런 의사가 되겠다는 꿈을 가질 수 있습니다. 또 마음 한 켠에 롤모델을 간직하고 힘들 때마다 꺼내 보며 의지를 다잡을 수도 있습니다. 좋은 의사에게 받은 치료에 보답하기 위해 나 역시 의사가 되어 다른 사람들을 도와주겠다는 생각은 참 기특하지요.

그다음으로는 인간의 아픔과 고통에 공감하도록 자녀에게 책을 권유하는 방법입니다. 아들을 서울대 의대에 보낸 한 학부모는 자녀에게 어린 시절부터 뇌에 관련된 책을 읽게 했습니다. 동화를 읽으며 동화 같은 삶을 꿈꾸다가 커서는 판타지 소설에 빠지는 다른 학생들과 달리, 그 학생은 인간의 정신은 몸과 떼려야 뗄 수 없는 존재이며 정신이 일방적으로 몸을 지배한다는 데카르트의 생각에 의문을 품었습니다. 결국 이 학생은 중학생 때 안토니오 다마지오가 쓴 《데카르트의 오류》를 읽고 자신의 꿈을 신경외과 의사로 정한 뒤, 서울대 의대에 가기 위해 휘문고 전교 3등 안에 들겠다는 목표를 세우게 됩니다.

책 이외의 매체를 통해 동기부여를 하는 방법도 있습니다.

강남의 모 여고에서 전교 4등으로 서울대 의대에 합격한 한 여학생의 사례입니다. 이 여학생은 서울대 의대 MMI 면접*에서 교수님들에게 극찬을 받았던 인물입니다. 그가 의사로서의 소양과 인성, 적성을 평가하는 MMI 면접 시험에서 찬사를 받은 이유는 바로 롤모델 때문이었습니다. 이 학생은 의사의 직업적 목표와 바람직한 의사상에는 〈낭만닥터 김사부〉의 사례를 들고, 늘 현실과 이상 사이에서 갈등하는 현실적인 의사상을 〈슬기로운 의사생활〉에서 보았다고 말했습니다. 또 〈낭만닥터 김사부〉의 악역 도윤환에게서 오직 출세와 현실만이 인간의 동력이 되는 모습을 발견했다고 이야기하며, 자신은 이세 모습을 모두 반영한 현실적이고 이상적인 의사가 되겠다고 말했습니다. 동기부여를 위해서는 책이 제일 좋지만 영화나 다큐 등의 영상물도 큰 도움이 될 수 있습니다.

세 번째 동기부여는 초등학교 때부터 남을 돕는 습관을 형성하는 것입니다. 현재 대학 입시에서는 생활기록부에 외부 봉사 활동을 반영하지 않습니다. 그러나 저는 수십 년간 의대 입시 컨설팅을 하면서 초등학교 때 처음 경험한 봉사 활동을 통해 사회적 약자와 아픈 자들의 모습을 보고 이들을 도와주고 싶다는 마음을 품어 의사를 꿈꾼 학생들을 많이 보았습니다. 봉사 활동 또한 바람직한 동기부여 방법임은 분명합니다.

동기부여는 왜 필요할까요? 의대에 가려면 인성도 필요하

---

* MMI 면접: Multiple Mini Interview(다중 미니 면접)를 줄여 이르는 말로, 소규모 면접이 연속적으로 이루어지는 방식의 면접

고 손기술도 정교해야 하지만, 의대는 무엇보다 공부를 잘하는 학생을 선호합니다. 공부를 잘한다는 것은 여러 의미로 해석됩니다. 누구는 머리가 좋은 학생이 공부를 잘하는 학생이라고 하고, 누구는 꾸준히 노력하는 학생이 공부를 잘하는 학생이라고 말하지요. 그런데 의대에 합격하는 학생들의 초등학생 시절을 돌아보면 어떤 경향성이 점점 뚜렷해지고 있습니다.

공부를 잘해서 의대에 간 것이 아니라 의대에 가고 싶어 공부를 잘하게 된 케이스가 갈수록 늘고 있다는 이야기입니다. 물론 의대에 가고 싶다고 하면서 열심히 공부하지 않는 학생도 많습니다. 그러나 이 학생들이 열심히 공부하지 않는 진짜 이유를 살펴보면 진심으로 의사라는 직업을 갖고 싶은 소망이 없기 때문일 수 있습니다. 물론 학부모들은 불안한 마음에 자녀들에게 고등 과정까지 빨리 가르치고 싶은 마음이 들 수 있습니다. 그러나 어머님의 간절함만큼 아이들도 간절하지 않으면 의대를 향한 공부는 쉽지 않습니다.

초등학생 학부모들은 수학 선행이 자녀가 의사가 되는 최단 코스라고 생각하는 경향이 강합니다. 물론 수학을 잘하면 의대 입시에서 유리한 것은 사실입니다. 그러나 수학이 동기부여가 되지는 못합니다. 동기부여는 수학적인 계산 능력이 아니라 인문적인 소통 능력에 가깝습니다.

3

우리 아이 맞춤 동기부여 방법

일상 속 롤모델, 의사 선생님

부모의 직업이 의사가 아니더라도 의대에 가기 위한 동기
부여를 하는 좋은 방법이 있습니다. 바로 동네 병원 의사, 개업
의들을 멘토로 두는 전략입니다. 초등학생 자녀라면 대부분 소
아과 의사를 만나게 됩니다. 물론 초등학교 내내 소아과 한 번
다니지 않고 건강한 6년을 보내는 게 가장 좋겠지만 현대 사
회는 그런 사치를 허용하지 않습니다. 환경과 기후의 변화, 그

리고 편식은 많은 학생들을 자주 병원에 가게 만듭니다. 그런데 어찌 보면 이것이 기회가 될 수도 있습니다. 개업의 선생님에게 어디가 아픈지 대답하는 것 외에 다른 질문을 준비해서 물어보도록 유도하는 겁니다. 실제로 서울대 의대 수시에 합격한 모 학생은 자소서에 자신의 꿈을 소아과 의사라고 쓰며, 그 이유를 어려서 자신이 찾았던 소아과 의사 선생님이 친절하게 여러 질문에 답변을 해 주며 자신에게 의사라는 꿈을 갖도록 만들어 주었기 때문이라고 했습니다. 이 학생은 동네 소아과 의사 선생님에게 어떤 질문을 했을까요? 바로 이 질문입니다.

"소아과 의사로서 가장 보람 있을 때가 언제였나요?"

그 소아과 의사 선생님은 이 질문의 답변으로 배가 아파서 찾아 온 한 여학생을 꼽았다고 합니다. 진찰을 통해 이 학생의 통증의 원인이 실은 테라토마(teratoma)﹡라는 종양일 수 있음을 파악하고 당장 대학병원에 연락해 초음파 검사를 받도록 했다는 이야기였습니다. 자신의 직관과 판단으로 소중한 목숨을 살렸던 경험을 가장 큰 보람으로 여기고 있었던 거지요. 의사들 사이에서는 저출생 때문에 소아과를 경영이 어려운 병원으로 인식해 기피하려고 하는 경향이 있습니다. 그러나 그 의사는 남들이 하지 않는 곳일수록 일의 진정한 가치를 느낄 수 있음

﹡ 테라토마(teratoma): 기형 종양. 여러 종류의 세포와 조직들로 이루어진 종양의 일종

을 깨닫게 되어 신에게 감사했다고 합니다.

이 학생은 감기 때문에 찾아갔던 소아과 병원에서 인생을 바꿀 강력한 동기부여의 계기를 얻은 것입니다. 이 학생은 그 선생님이 일에서 느끼는 보람과 행복을 자신도 생생하게 실감했습니다. 그래서 그 의사 선생님처럼 아픈 아이들을 위해 최선을 다할 수 있는 소아과 의사가 되겠다고 결심을 했고, 이 내용을 자소서와 면접에 녹여 당당하게 합격할 수 있었습니다. 이 학생만 그런 게 아닙니다. 의대에 간 학생들은 기본적으로 수학, 과학 공부에만 관심이 있는 게 아니라 인간과 사회 자체에 대한 관심과 호기심이 많습니다. 이런 아이들은 병원에 가면 의사 선생님에게 직업의 만족도에 관련한 질문을 던지는 습관이 있습니다. 이런 내용들이 하나둘 쌓이면 의사가 되어야겠다는 큰 의지가 생깁니다. 동기부여만 제대로 되면 자연스레 목표가 생기고, 목표를 이루고자 하는 다짐은 아무리 어려워도 힘든 길을 버틸 수 있는 인내심을 길러 줍니다. 그런 점에서 소아과 병원은 의대라는 동기부여를 위한 최선의 장소가 될 수 있는 셈입니다.

주변의 의사를 롤모델로 선정하기 어렵다면 책 속의 의사를 롤모델로 선정하는 것도 좋은 방법입니다. 《청년의사 장기려》라는 책은 우리나라 의사 중 가장 많은 존경을 받고 있는 장기려 고신대 의대 설립자에 관한 소설입니다. 한국의 슈바이

---

* 손홍규, 《청년의사 장기려》, 다산책방, 2012

처로 불리는 장기려 박사는 가난한 환자들을 위해 평생을 바친 의사였습니다. 그는 부산복음병원을 설립하고 이 병원에서 가난한 환자들을 무료로 진료했습니다. 또한 그는 의료보험조합을 설립하고, 이 조합을 통해 가난한 환자들에게 의료 혜택을 제공했습니다. 장 박사의 헌신적인 노력으로 많은 가난한 환자들이 건강을 회복할 수 있었다는 이야기는 어린 아이들에게 큰 마음의 울림을 줄 수 있습니다.

이태석 신부의 삶도 초등학생이 의사를 꿈꾸게 하는 데 큰 도움을 줄 수 있습니다. 이태석 신부는 인제대 의대를 나온 의사 출신 신부입니다. 오랫동안 외과 의사라는 직업인으로 살다가 뒤늦게 가톨릭대 신학과에 입학해 신부의 길을 걷게 된 인물이지요. 그는 아프리카로 떠나 의료 봉사를 하며 헌신적인 삶을 살다가 결국 암에 걸려 2010년 선종했습니다.

이 두 사람을 롤모델로 삼은 뒤 다음과 같은 활동으로 의사가 되고자 하는 동기를 키울 수 있습니다. 아이와 함께 두 사람에 대해서 조사한 뒤 비교하는 표를 만들어 보세요. 그리고 두 사람에게 배울 점을 자신의 관점에서 적어 보는 것도 좋습니다. 또 현재 자신을 돌아보았을 때 아직 부족하다고 생각하는 부분에 대해 장 박사와 이 신부라면 어떤 해결책을 제시할지 상상해서 적어 보는 겁니다. 예를 들어 '의사가 되고 싶은데 잠을 충분히 못 자면서까지 고생하고 싶지는 않아요.'라는 고민을 적는다면 장 박사의 경우, '그런 마음이라면 차라리 의사가 되고 싶은 마음을 버려라.'라고 따끔하게 일침할 것이고 이태석 신부라면 '잠은 무엇보다 중요한 건강의 으뜸이니 본인의 적당한 수면 시간을 파악해 그 수면 시간만큼은 지키면서 나머지 시간을 의사라는 일에 헌신하라.'라고 조언할 것 같습니다.

롤모델이 꼭 장기려 박사나 이태석 신부 같은 유명한 사람일 필요는 없습니다. 동네 병원의 소아과 의사 선생님도 좋은 롤모델일 수 있고, 중학교와 고등학교에 다니는 학생이라면 대학병원 홈페이지에 접속해 각 학과의 교수님들 이력을 보면서 롤모델을 정할 수도 있습니다. 그리고 대학교에서 열리는 환자 및 환자의 가족들을 위한 의대 교수님들의 강연에 같이 참석해 관심 있는 질병에 대해서 질문해 보는 시간도 롤모델 형성에 도움을 줄 것입니다.

동기부여도 재미있게, 미디어 활용

동기부여 방법에 꼭 좋은 책만 있는 건 아닙니다. 넷플릭스나 디즈니 플러스에서 좋은 다큐멘터리를 골라 보면서 자녀에게 의사라는 꿈을 좀 더 현실적으로 느끼도록 해 줄 수도 있습니다. 넷플릭스에는 좋은 의학 다큐멘터리가 많습니다. 넷플릭스에서 의료, 의학 혹은 의사라는 키워드를 검색하면 뜨는 작품 가운데 하나를 골라 청소년이 볼 수 있는 미디어인지 아닌지를 살핀 후, 아이와 함께 시청해 보세요. 넷플릭스는 빨리 보기 기능을 제공하기 때문에 조금 빠른 속도로 보면서 영어 청해 실력을 높일 수도 있습니다.

의학 다큐멘터리를 보면서 아무 말을 나누지 않고 화면에 몰입하기보다 계속해서 자녀와 대화를 나누는 것을 추천합니다. '너라면 저 상황에서 어떻게 하겠니?', '저 환자의 고통이 얼마나 심각한지 너는 느낄 수 있니?' 등의 대화를 나누면 좋습니다. 미디어를 본 뒤에는 주인공의 직업, 주인공에게 닥친 문제, 주인공이 문제를 해결한 방법, 주인공의 선택에서 배울 점 등으로 항목을 정해 놓고 글을 쓰게 하는 것도 좋은 방법입니다.

넷플릭스의 수많은 다큐 중에서 예일대학교 교수이자 뉴욕타임스 칼럼니스트인 리사 샌더스가 주연으로 출연한 〈닥터 샌더스의 위대한 진단〉은 의대를 희망하는 자녀를 둔 가족이 함께 보기에 딱 좋은 작품입니다. 이 다큐멘터리에는 페이스북을 통한 집단 지성으로 현대 의학이 치료하지 못하는 희귀성 유전 질환의 원인과 해결책을 찾아가는 과정이 담겨 있습니다. 의학의 사회성을 잘 보여 주는 사례이지요. 또 이 다큐멘터리

---

*   Netflix, 〈닥터 샌더스의 위대한 진단〉, 2019

에서 살펴볼 부분은 미국 의료의 진정한 힘이 크라우드 소싱, 즉 대중들의 참여에 있다는 점을 보여 준다는 사실입니다. 자녀에게 미국은 한국과 달리 민영 보험을 실시하는 나라로 우리나라와 미국의 의료 체계를 비교하는 이야기를 건네면 효과가 더욱 배가 될 것입니다.

미국이나 한국이나 최고의 의사들은 똑같은 마음가짐이 필요합니다. 의사들은 완벽하지 않습니다. 오히려 환자를 매일 만나는 가족들이나, 같은 병을 앓고 있는 환자들이 특정 질병에 대해서는 더 많이 알 수도 있습니다. 샌더스 박사는 미국 최고의 의사이지만 겸허하게 자신의 부족함을 인정하고 자신이 놓친 것이 무엇인지를 대중과 소통하며 배우려고 노력하는 의사입니다. 미디어를 통해 이런 의사의 자질을 배우면서 좋은 의사란 어떤 의사인지 같이 생각해 보는 시간을 가져 보는 것이 좋습니다.

직접 경험하는 동기부여, 봉사 활동

많은 의사 학부모들이 자녀를 의대에 보내고 싶어 직접 동기부여에 나섭니다. 이때 가장 많이 시키는 동기부여 방법은 바로 봉사 활동입니다. 그래서 많은 의대 희망생들이 초등학생 때 부모님을 따라 캄보디아, 몽골 등지에 가서 의료 봉사를 돕고, 이 이야기를 자소서에 써서 합격하기도 합니다. 그런데 2024학년도 입시부터는 외부 활동은 물론 외부 봉사도 평가에 반영이 되지 않습니다. 외부 봉사를 단 한 시간도 하지 않아도 의대에 갈 수 있는 길이 열린 것입니다.

일부 사교육, 특히 의대 생활기록부 관리를 내건 컨설팅 학원들은 봉사 활동이 여전히 중요하다고 말합니다. 교내 봉사 동아리에 가입해서 동아리 선생님의 허락을 받고 봉사 활동을 한 뒤, 그 내용을 학생부의 동아리 활동으로 기재하면 의대 입시에 유리하다는 이야기이지요.

맞는 말일까요? 일견 타당해 보입니다. 하지만 의대 교수들이 입시에 외부 봉사 활동을 반영하지 말라는 국가의 법률을 위반하면서까지 동아리에 적힌 외부 봉사 활동을 높이 평가하지는 않을 것입니다. 동아리 활동에는 봉사 활동 내용보다도 의학이나 과학 등에 대한 관심과 탐구를 적는 것이 의대 입시에 더 도움됩니다.

그러나 생활기록부에 반영이 되지 않더라도 초등학교 때 봉사 활동으로 동기부여를 하는 것은 의사로서의 마인드를 가지는데 큰 도움이 됩니다. 특히 부잣집 아이로 태어나 어려움을 모르고 자란 학생이라면 봉사 활동이 필요한 요양원, 장애인 시설, 고아원 등에 정기적으로 방문하면서 사회적 약자에 대한 관심을 갖게 될 가능성이 높아집니다. 이는 초등학교 때부터 자녀를 성숙한 아이로 키우는 데 확실히 도움이 됩니다. 어려서부터 시작하는 봉사 활동은 나에게 주어진 것에 대해 감사하게 되고, 타인을 돕는 행복을 알게 되는 좋은 성장의 기회입니다. 물론 '대입에도 반영이 안 되고 시간도 없는데 굳이 지속적으로 해야 할까?'라는 생각이 든다면 일회성으로 끝나더라도 무방합니다. 그러나 봉사 경험이 한 번도 없는 학생과 가끔이라도 자신의 중요한 시간을 투자해 공감 및 배려 능력을 키운 학생은 분명히 차이가 있습니다. 생활기록부에 외부 봉사 활동이 반영될 때에도 고등학생뿐 아니라 초등학생, 중학생 자녀에게 일찍부터 봉사를 시키는 의대 학부모들이 많았습니다. 선행 봉사가 선행 학습만큼의 효과를 내는 것은 분명한 사실입니다.

봉사 활동은 어디서 정보를 얻어 시작하면 좋을까요? VMS*라는 봉사 포털 사이트가 있습니다. 다양한 기관에서 이 사이트를 통해 봉사자를 모집하고 있으니, 회원가입 후에 봉사자 모집 글을 살펴 신청해 보세요. 이 사이트는 봉사 활동 정보를 바탕으로 인증서를 발급 받아 필요한 곳에 제출할 수도 있습니다.

의사를 꿈꾸는 학생들이라면 대입에 반영이 되든 되지 않든 한 달에 한 번 정도는 시간을 내서 주기적으로 봉사 활동을

---

* VMS(사회복지 자원봉사인증관리): https://www.vms.or.kr

하는 것이 좋습니다. 실제 의대 MMI 면접에서 물어보기도 하니까요. 2023년 현재 서울에서만도 118,009번의 봉사 활동[**]이 이루어졌습니다. 봉사 활동 장소로는 주로 아동 시설, 노인 시설, 장애인 시설, 여성 복지 시설 등이 있는데 이 중에서 압도적으로 많은 비율은 노인 시설입니다. 초등학생과 중학생은 노인 시설 봉사로 시작하는 것도 좋습니다. 노인 시설에서 봉사를 하면 시설에 계신 어르신들을 보며 자신의 조부모를 만나는 느낌을 받을 수 있고, 그래서 자연스레 열심히 하게 되기 때문입니다. 많은 분들이 치매를 앓고 있는 사실을 깨닫고 치매 환자를 관찰하고 치매 치료에 대한 의지를 불태울 수 있는 시간이 되기도 합니다.

문제해결력 기르기, 어려움 극복

의사가 되는 과정은 험난합니다. 의사가 되고 나서도 힘든 순간이 있기는 마찬가지이지요. 생각해 보면 의사가 아닌 그 어떤 직업에서도 어려움과 슬럼프는 있기 마련입니다. 그 중에서 특히 의사들에게 가장 많이 찾아오는 위기는 두 가지입니다. 하나는 열심히 노력했는데 환자를 살리지 못해 열패감이 들 때입니다. 또 다른 하나는 어느 순간부터 환자를 인간적으

[**] 2023. 11. 17. 기준. 출처: VMS 홈페이지 통계 정보

로 대하지 않고 사무적으로 대하는 자신의 모습을 보면서 직업에 대한 회의감을 느낄 때입니다. 전자는 주로 대학병원 의사들이 겪고, 후자는 주로 개업의들이 느끼는 위기감입니다. 의사라는 직업의 특성상 이런 스트레스와 위기를 자주 겪기 때문에 의사들은 상대적으로 스트레스에 강하고, 이를 이겨 내는 각자 나름의 방법이 있습니다. 집에 와서 피아노를 연주하는 의사가 있는가 하면 넷플릭스 영화를 보면서 고단한 하루를 마무리하는 의사들도 있지요.

의대 입시 과정도 어렵기는 마찬가지입니다. 또래보다 몇 배 더 많은 공부량을 소화해야 하고 놀 시간도 별로 없습니다. 그런 과정을 이겨내고 의사가 되기 위해서는 살면서 마주치는 어려움을 극복하고 해결할 수 있어야 합니다. 어린 시절부터 아이와 함께 문제와 해결 방법에 대해 이야기를 나누고 문제를 해결해 나가는 과정은 이런 단단한 마음을 기르는 데에 큰 도움이 됩니다.

공부는 잘하지만 게임이 더 좋은 아이

게임 때문에 의대 진학 준비는 물론, 공부와 담쌓게 되는 경우가 정말 많습니다. 몰입감이 높은 게임을 통해 현실을 잊고 싶어 하는 학생들이 과도한 선행과 공부에 질려 게임을 찾게 되기도 합니다.

모 학원에서는 이런 캐치프레이즈로 의대를 원하는 학부모들을 유혹하고 있습니다.

"초등 1학년 때 초등 과정을 전부 끝냅니다. 2학년 때는 중등 과정을 끝냅니다. 3학년 때는 고등 과정을 마칩니다. 그 이후는 반복이죠."

믿기지 않는 이야기지만 분명 현실입니다. 이런 식으로 학원이 과장 광고와 불안 마케팅을 하니 학부모들은 더욱 더 사교육에 집중하는 악순환이 벌어집니다. 3년 동안 12년 과정을 공부하면 부작용이 없을까요? 물론 이것이 가능한 학생도 있겠지만 아마 대한민국 상위 0.1%의 영재뿐일 것입니다. 대다수의 의대생들을 포함해, 심지어 서울대 의대에 합격하는 학생들까지도 이런 선행은 무리입니다. 3년 동안 초고속으로 고등 과정까지 끝내고 나면 이 학생은 번아웃이 와서 나머지 9년을 게임 속에 빠져 살며 스스로 의대 길을 포기할 수도 있습니다.

이런 번아웃이 게임 중독으로 이어지지 않으려면, 애초에 번아웃이 오지 않게 하려면 어떻게 해야 할까요? 과도한 선행을 지양하는 것과 더불어 게임을 하게 하더라도 게임에 빠지게 해서는 안 됩니다. 의사라는 직업은 공부 외에도 고도의 사회성을 요하기 때문에 게임보다 친구와 시간을 보내는 것이 더 도움될 수 있습니다. 학원의 의대 반에서 같은 의사 꿈을 가진 학생들을 만나 좋은 의학 다큐나 의학 영화를 함께 보면서 꿈을 키워 나가도록 하는 것이 바람직합니다. 요즘 세대는 OTT라면 묻지도 않고 좋아하는 경향도 있으니 넷플릭스에서 어린이용 애니메이션 대신 좋은 의학 영화를 찾아서 보도록 해 보세요. 가족이 함께 본다면 더욱 좋습니다.

수학, 과학만 좋아하고 국어, 사회를 싫어하는 아이

의대를 향한 동기부여를 특정 과목으로 연결시킬 수 있을까요? 의대는 국어, 영어, 수학, 사회, 과학, 한국사 그리고 정보·기술, 제2 외국어까지 모든 과목을 다 봅니다. 물론 수학과 과학을 특히 중시하고 과학 중에서도 화학과 생명과학을 더 중요시하는 건 사실입니다. 내신 성적을 살필 때는 전 과목 내신을 확인한 후, 수학과 과학 성적만을 따로 선출해 상위권 학생 중에서 의대가 정말 원하는 학생을 선발하려는 경향이 있지요.

따라서 수학, 과학만 잘하는 아이는 전 과목의 내신을 살피는 1단계를 통과하지 못할 가능성이 높습니다. 의대는 수학과 과학만 잘하는 학생이 아니라 국·영·수·사·과를 골고루 잘하는 학생 중에서 수학, 과학을 더 잘하는 학생을 원합니다. 2024학년도 입시부터는 영재학교 학생들의 학생부도 일반고 학생들처럼 교내상, 교외상, 교외 활동, 외부 인턴십 등이 모두 사라진 채 대학에 제공됩니다.[*] 그리고 석차 등급이 제공되기 때문

---

[*]   교육부, 대입제도 공정성 강화 방안, 2019

에 수학, 과학 과목뿐 아니라 국어, 영어, 사회 과목들도 일반고 학생들과 같은 조건에서 경쟁하게 됩니다. 물론 2028학년도 입시는 영재학교나 일반고나 모두 완화된 5등급제의 내신 상대평가를 적용받지만, 의대를 가려면 초등학교 때부터 융합적으로 공부를 시키고 동기부여도 융합적으로 해야 합니다.

즉, 내 아이를 예비 의대생으로 키우려면 지나친 수학 선행보다는 초등학생 때부터 독서와 글쓰기 교육을 병행해 책 읽기를 좋아하는 이과생으로 만들 필요가 있습니다. 만일 우리 아이가 수학과 과학만 좋아하는 아이라면 좋아하는 수학과 과학에 관련된 책으로 독서를 시작해 보세요. 그럴 때 정말 좋은 책이 기생충 전문가 서민 박사의 책 《청소년을 위한 의학 에세이 : 의학 인물 편》**입니다. 중·고등학교 학생을 생각하며 쓴 책이지만 초등 고학년도 충분히 읽을 수 있는 난이도로, MRI를 처음 발명한 레이먼드 다마디안, 시험관 아기를 처음으로 성공시킨 의사 로버트 에드워즈 등 19세기부터 21세기까지 의학 발전에 한 획을 그은 위대한 의학 인물들의 이야기가 담겨 있습니다. 이 책에 소개된 인물들로부터 의사라는 직업이 얼마나 인간에게 가치 있는 일인지 그리고 의사가 되기 위해서는 어떤 자질이 필요한지를 배울 수 있습니다. 의사가 되겠다는 열정을 키우고, 책을 읽는 재미도 느낄 수 있는 기회입니다.

의대에 가기 위해서 수학이 꼭 필요하다는 인식은 널리 퍼

** 서민, 《청소년을 위한 의학 에세이: 의학 인물 편》, 해냄출판사, 2018

져 있습니다. 그런데 전문가를 포함해 많은 이들이 의대 합격을 위해 수학과나 공대 이상으로 수학을 해야 할 필요는 없다고 이야기하는데도, 일부 사교육은 초등 의대반 과정을 홍보할 때 뛰어난 수학 실력이 곧 좋은 의사가 되는 길이라고 말하며 선행을 끊임없이 유도하고 있습니다.

의대 입시를 준비하며 학부모와 자녀가 가장 많이 충돌하는 과목도 바로 수학일 것입니다. 그럴 때는 과도한 수학 선행은 잠시 쉬고, 독서를 하며 글의 힘으로 위기를 이겨 내는 법을 배우는 게 맞습니다. 수학과 국어는 초등학교 4학년 때부터 고등학교 3학년 때까지 꾸준히 함께 가야 합니다. 아이가 책 읽기를 싫어한다면 우선 수학 문제를 더 풀게 해 수학 실력을 높여 주고, 수학 경시대회 수상 등으로 자신감을 키워 주세요. 그 후에 수학이 아닌 다른 과목의 책을 권한다면 균형 잡힌 학생을 만들 수 있습니다. 수학과 국어 사이에는 적당한 긴장과 끝없는 균형감이 필요합니다. 그래야만 여러분의 자녀가 의사가 되기 위한 길을 계속 나아갈 수 있습니다.

자녀가 너무 수학과 과학만 하려는 경향이 있다면 마냥 좋아 하지 마세요. 수학, 과학만 좋아하는 성향은 영재학교에 진학해 서울대 공대에 가는 데는 최적일지 모르지만, 의대로 가는 길과는 다소 거리가 있음을 명심하시기 바랍니다.

취미와 역량 개발을 동시에, 악기 연주

의대에 가기 위해 책 읽기와 영화 보기, 의사 만나기 등의 방법들이 있다고 말씀드렸습니다. 그런데 의대에 자녀를 합격시킨 학부모가 이런 전통적인 방법으로만 자녀에게 동기부여를 한 것은 아닙니다. 의외로 자녀에게 음악으로 동기부여를 시킨 경우가 많습니다. 저는 실제로 수많은 의대 합격생들이 초등학교 시절부터 한 가지 악기를 연주하며 스트레스를 해소하고, 섬세한 손을 만들기 위해 노력한 경우를 많이 보았습니다. 외부 봉사 활동이 반영되던 시절에는 많은 학생들이 오케스트라 봉사를 통해 자신의 음악 실력과 인성을 동시에 보여주기도 했습니다. 개인적으로 만난 의대 교수들도 의대에 가기 위해서 악기 연주가 필수인 것은 아니지만, 음악 연주로 여러 경험을 쌓고 자신의 장점을 발휘할 수 있었다고 말했습니다. 음악을 통한 동기부여에는 어떤 장점들이 있기에 많은 의대생들이 음악을 취미로 한 것일까요?

먼저 스트레스 해소입니다. 앞서 말씀 드린 대로 악기 연주는 스트레스를 효과적으로 해소하는 방법 중 하나입니다. 음악은 과중한 학업 압박으로 인한 스트레스를 줄여 주고, 자녀의 긍정적인 심리적 상태를 유지하는 데도 도움을 줄 수 있습니다. 의대를 가기 위한 공부에는 필수적으로 강한 스트레스가 수반됩니다. 그때마다 음악을 듣거나 연주하면서 자신의 스트레스를 관리할 수 있다면 의대를 위한 동기부여뿐만 아니라 학업에서도 틀림없이 큰 도움을 받을 수 있습니다.

그리고 자기 성취감 증진도 있습니다. 악기를 연주하며 음악적 재능을 기르는 과정은 지속적인 노력과 연습이 필요합니다. 이러한 노력을 지속하다 보면 어느새 발전한 자신의 모습을 발견할 수 있고, 자기 성취감과 자신감을 키울 수 있습니다.

창의성과 문제 해결 능력 강화도 빼놓을 수 없습니다. 음악적 활동은 창의성과 문제 해결 능력을 향상시킬 수 있습니다. 이러한 능력은 의학 분야에서도 중요하며, 의사로서 다양한 상황에 유연하게 대처하는 데 도움이 됩니다.

팀워크와 협력은 어떨까요? 악기 연주는 종종 그룹 활동으로 이루어지기 때문에 팀워크와 협력을 강화하는 데 도움이 됩니다. 의사는 다양한 전문가들과 협력하여 환자를 치료하고 관리해야 하므로 협력적인 태도는 꼭 필요합니다.

음악을 통해 감정의 안정감을 얻을 수도 있습니다. 음악 감상과 악기 연주는 자신의 감정을 이해하고 표현할 수 있도록 합니다. 자녀가 감정적으로 안정된 상태에서 공부하는 것은 목표를 향해 나아가는 데 도움이 되지요.

학부모라면 외과 의사에게 꼭 필요한 섬세한 손 키우기에 관심이 클 것입니다. 악기 연주의 손재주와 외과 의사의 섬세한 손놀림에는 몇 가지 공통점이 있습니다. 민첩성과 정확성, 집중력을 요한다는 점에서 그렇습니다. 또 악기 연주자와 외과 의사 모두 손, 뇌, 눈이 완벽하게 협동해야 작업을 수행할 수 있습니다. 악기 연주자는 악기의 음과 음향을 제어하고, 외과 의사는 정밀한 도구로 조작하고 시야를 적절히 활용하여 수술을 진행합니다. 둘 다 많은 연습과 훈련을 통해 자신의 기술을 발전시켜야 한다는 점도 공통점입니다.

참고로 연세대에는 대학 병원 의사들로 구성된 오케스트라가 맹활약 중이고, 서울대 의대에는 실제 공연까지 하는 밴드부 동아리가 있습니다. 의사가 되기 위해 음악과 악기로 동기부여를 하는 것은 새삼스러운 일도 아닙니다.

가장 든든한 지원군, 부모님

아이의 문제를 파악하고 함께 해결하는 부모

초등학교 학부모 그리고 중학교 학부모들까지 공부와 관련해서 꼭 아셔야 할 내용이 하나 있습니다. 낙관론은 근거가 있을 때만 그 힘을 발휘한다는 것입니다. 학부모님들이 가지는 자녀에 대한 가장 큰 오해는 '우리 아이는 머리는 좋은데 노력을 안 해요.'와 '우리 아이는 원래 실력은 좋은데 실수를 많이 해요.'입니다. 머리는 좋은데 노력을 안 하는 케이스는 공부를 시키기보다는 제대로 된 동기부여를 하는 것이 더 좋은 방법일 것입니다. 그런데 실수를 많이 하는 케이스는 의대 합격을 위한 공부가 실패로 이어지는 큰 약점이 될 수도 있습니다.

아이가 학원에서 푸는 시험에서 실수를 많이 하는 경향이 있다면 반드시 초등 단계에서 잡아야 합니다. 우선은 아이가 주눅이 들 수도 있으니 처음에는 아이의 마음을 다독이는 게 좋습니다. 초반에는 엄마는 언제나 네 편이라며 이해와 공감을 하는 것이 도움이 됩니다. 그 뒤에 실수의 중요성을 강조하세요. 실수는 성장과 학습의 일부입니다. 자녀들은 실수를 통해 어떤 행동이 바람직한지 배우고 성숙해져 갑니다.

자녀의 실수를 긍정적으로 바라보는 접근도 힘이 됩니다. 실수 때문에 괴로워하지 말고 실수를 통해 더 나은 방향으로 나아가면 된다고 역으로 말하는 겁니다. 그 과정에서 대화와 소통은 반드시 있어야 합니다. 시험을 본 날은 곧바로 시험 점수를 묻기보다 어떤 실수를 했는지를 주제로 대화를 이어가 보세요. 초등학교 때는 부모와 자녀 사이에 열린 대화와 소통이 필요합니다. 자녀와 함께 실수의 원인과 그 결과에 대해 이야기하고, 실수에 대한 자녀의 의견을 들어보세요. 실수한 부분을 주제로 일기를 쓰게 하는 것도 좋은 방법입니다.

그런데 그 습관이 중학교까지 이어진다면 초등 단계와는

조금 다르게 접근해야 합니다. 특히 아이가 실수였다며 "내 점수는 원래 몇 점이 맞아."라고 말할 때를 걱정하셔야 합니다. 그런 자세가 이어지면 수능 당일에도 똑같은 이야기를 할 가능성이 있습니다. "실수도 실력이야."라고 말하는 적당한 엄격함이 필요한 순간입니다.

그때는 이렇게 말해 보세요. "너는 그 실수에 만족하니? 다음 시험에도 똑같은 실수를 하고 싶니 아니면 다음 시험부터는 절대 그 실수를 반복하지 않고 싶니?" 이 질문에 대부분의 아이들은 당연히 후자라고 답할 겁니다. 아이가 대답을 하면 하루 정도의 시간을 주며 해결 방법을 생각해 보라고 해야 합니다. 문제를 어떻게 개선할 수 있는지 스스로 생각하게 한 뒤, 아이가 준비한 대답과 부모님이 경험한 과거의 사례를 비교해 둘 중에 더 합리적인 안을 선택하고 스스로 실천하도록 도와주세요. 이때 반드시 선택은 아이가 하도록 해야 합니다. 그래야 공부에서 특히 중요한 자아존중감이 보호될 수 있습니다. 실수를 무조건 타박하기보다 실수를 줄이려고 노력하는 태도를 칭찬해 주세요. 이런 과정을 거치다 보면 지금 이 노력이 자신을 더 나은 방향으로 발전시키는 길이라는 점을 스스로 깨닫고 시험 때 마음이 편해지도록 자신을 달랠 수도 있습니다. 만약 자신의 실수를 깨닫고 다음부터 실수를 줄여 나가는 데 성공한다면, 문제를 해결하도록 도와준 부모는 의대 입시뿐 아니라 인생 전반에서 자녀가 본받을 롤모델이 되기도 합니다.

결국 실수하는 자녀에게는 엄격함과 사랑 사이에서 균형을 맞추는 것이 중요합니다. 엄격한 규칙과 지침이 필요하지만 동시에 그들에게 사랑과 지지도 주어야 합니다. 이러한 균형을 찾는 것이 아이의 건강한 성장과 발전을 촉진하는 데 도움이 됩니다.

의대 동기부여, 아들과 딸은 달라야 한다

현재 의사 숫자 중에서 남자 의사가 여자 의사보다 많은 건 사실이지만, 정확히 얼마나 더 많은지는 아직 통계가 나와 있지 않습니다. 의대생도 마찬가지입니다. 의대 정원 3,058명 중에서 이화여대가 76명을 선발한다는 점을 고려해도 체감상 6대 4 정도의 비율로 남학생이 많습니다. 그래도 2021년을 기준으로 의대에 입학한 여학생의 비율은 35.1%로 해마다 늘어나고 있습니다.[*] 이미 로스쿨과 외교관을 뽑는 외교 아카데미 등 문과 계열 전문직에서는 여학생의 합격률이 남학생의 합격률을 추월했다는 보도도 있습니다.[**] 그럼에도 불구하고 아직 이대를 제외한 어느 의대에서도 여학생의 수가 남학생의 수를 추월했다는 기사는 본 적이 없습니다.

의사 직군에서 남학생이 여전히 수적으로 우위인 이유는

---

[*] 이지훈, '여의사 많아진다… 2021 의대 입학 여학생 3,099명 역대 최다', 에듀진, 2021.09.27, http://www.edujin.co.kr/news/articleView.html?idxno=37038

[**] 이성진, '로스쿨 입시 15년… 女, 男 넘어서다', 법률저널, 2023.06.14, http://www.lec.co.kr/news/articleView.html?idxno=743500

두 가지입니다. 첫 번째는 수학 때문입니다. 수학은 국어, 영어와 달리 남학생이 1등급을 훨씬 더 많이 차지합니다. 2023학년도 수학능력시험 수학 과목 1등급의 비율은 남학생이 74%로 여학생의 약 3배였습니다.[***] 수학 본고사로 학생을 뽑는 논술 전형뿐 아니라 학생부 종합 전형에서도 수학 교과의 비중은 단연 높습니다. 우리나라 의대는 미국 의대 선발 고사처럼 화학과 생명과학 위주의 선발 체계가 아니니 여학생이 상대적으로 남학생보다 불리할 수 있습니다.

또 한 가지 이유는 우리나라 의대에 아직 군대 문화가 남아 있어 나이가 있는 의대 교수일수록 남학생을 선호하는 현상이 있기 때문입니다. 그래도 나아지고 있는 중입니다. 10년 전 서울의 모 유명 의대 학생부 종합 전형에서는 여학생을 잘 뽑지 않는다는 소문이 돌기도 했습니다만 지금은 사라졌습니다.

이런 상황에서 여학생과 남학생의 동기부여는 달라야 합니다. 의사의 꿈을 중간에 접은 여학생들은 대안으로 약대나 한의대를 택하기도 하지만, 그런 일이 일어나지 않도록 딸을 둔 학부모는 수학에 좀 더 많은 시간을 쓰고 다양한 방법을 동원해 아이가 수학과 친해져서 자신감을 가질 수 있도록 해야 합니다. 여학생들의 경우 대부분 아픈 사람을 치유한다는 명분과 숭고함 때문에 의사라는 꿈을 꾸게 됩니다. 그런 마음을 가진 여학생이라면 더더욱 수학 때문에 꿈을 포기하도록 두어서

[***] 조혜연, "'통합수능의 명암' 2023수능 수학 1등급 남학생 74% '압도'.. 수학 평균점수도 앞서", 베리타스알파, 2023.01.30, https://www.veritas-a.com/news/articleView.html?idxno=445308

는 안 되겠지요. 아인슈타인이 극찬한 세계 최고의 여성 수학자 에미 뇌터의 이야기를 들려주셔도 좋습니다.

남학생들도 숭고한 명분에 이끌리긴 하지만 아들들은 의사라는 직업이 최고의 성적을 요구하는 전문가 집단이라는 긍지에 좀 더 이끌리는 편입니다. 의대를 가고 싶어하는 남학생들은 원래 다른 학생들과 경쟁을 즐기고 승부욕이 강하다는 이야기입니다. 아들을 의대에 보내고 싶은 학부모는 아들이 경쟁에 대해서 어떤 태도를 갖고 있는지 살펴 보세요. 우리 아이가 경쟁을 약간 두려워하고, 잘한다고 칭찬을 받을수록 공부를 더 잘하는 스타일이라고 판단되면 영재학교, 과학고, 전국 단위 자사고 대신 일반고에서 높은 내신을 이용해 수시로 의대에 진학하는 트랙을 설계하는 것이 좋습니다.

부모가 자녀에게 들려줄 말들

자녀를 의대에 보낸 학부모들이 초등학생 때 자녀들에게 들려주었던 말들은 무엇일까요? 자녀에게 가장 많이 했던 말이면서 자녀에게 힘이 됐던 말은 이것입니다.

"꿈을 향한 열정을 잃지 마. 의사가 되고자 하는 목표가 있으면 그것을 지켜 나가는 것이 중요해. 어려울 때도 있겠지만, 너의 열정과 노력이 결실을 맺을 거야."

열정은 의대에 가기 위한 첫 번째 키워드입니다.

두 번째로 많이 들려주었던 말은 무엇일까요?

"항상 배움에 열려 있어라. 의사로서 지식과 기술은 매우 중요해. 의학은 끊임없이 발전하고 있으니, 새로운 지식을 습득하고 최신 트렌드를 따라가는 노력을 해야 해."

공부가 아닌 배움을 강조하는 것이 의대 입시에 도움이 됩니다. 의학은 정체된 학문이 아니라 끝없이 변화하고 발전하는 학문이기 때문에 이런 자세가 반드시 필요합니다.

세 번째 키워드는 무엇일까요?

"인내심을 가지고 하나씩 천천히 나아가자. 의사가 되기 위해서는 긴 시간과 노력이 필요하다는 것을 잊지 마. 모든 것을 급하게 이루려고 하지 않아도 돼. 차근차근 준비하고 성장해 나가자."

어쩌면 의사들이 초등학생에게 가장 들려주고 싶은 단어는 이 단어일 수 있습니다. 바로 인내심입니다. 인내심은 영어로 Patience로, 환자를 뜻하는 영어 단어인 Patient와 어원이 같습니다. 참는 것의 중요성을 가장 잘 아는 집단이 의사 집단입니다.

네 번째 도움의 메시지는 이겁니다.

"실패는 배움의 기회다. 언제나 완벽하진 않을 수 있어. 실패를 두려워하지 말고, 실패에서 배우고 더 나은 방향으로 나아가자."

실패에 대한 두려움 또한 의사가 되기 위해 꼭 맞서 싸워야 할 상대입니다.

자녀가 자신감을 가지고 공부를 해 나가기를 바란다면 이런 말도 도움이 됩니다.

"자신의 능력을 믿어라. 너는 충분히 뛰어난 사람이야. 자신감을 갖고 자기 자신을 믿으면, 어떤 어려움도 극복할 수 있을 거야."

수학 학원을 어려워하거나 힘들어할 때 이런 격려의 말을 해 줄 수 있는 것도 좋은 부모의 자세입니다.

그다음 요긴한 대화는 이겁니다.

"친구와 협력하며 성장하자. 의사는 혼자서만 할 수 없는 일이 많아. 친구들과 팀을 이루어 협력하고 서로의 지식과 경험을 나누면 더 큰 성과를 이룰 수 있어."

공부를 하다 보면 개인주의에 빠지기 쉽습니다. 그러나 협력하는 태도를 일찍부터 깨닫고 공부를 해 나가면서도 잃지 않아야 합니다. 말 그대로 의사로서 살아가다 보면 혼자 할 수 있는 일보다도 혼자 할 수 없는 일이 더 많기 때문입니다.

직업인으로서의 정체성을 상기시켜 주어도 좋습니다.

"지금부터 환자를 생각하며 살아야 해. 의사는 사람들을 돕기 위해 존재하는 직업이야. 환자의 안녕과 행복을 최우선으로 생각하고, 항상 따뜻한 마음으로 도움을 주는 데 주력해야 해."

환자와 아픈 사람에 대해서 생각하고 그들에게 도움을 주려고 한다면 자연스럽게 동기부여가 될 겁니다.

그리고 의사는 사람들의 건강을 책임지는 사람인 만큼 본인도 건강해야 합니다. 이런 이야기를 꼭 해 주셔야 합니다.

"건강한 생활을 유지해라. 너 자신도 건강해야 환자들을 돌봐 줄 수 있어. 균형 잡힌 식단과 꾸준한 운동, 충분한 휴식을 챙기는 습관을 갖도록 하자."

결국 건강은 좋은 습관입니다. 의사만큼 좋은 습관의 중요성을 잘 아는 사람들은 없습니다.

그리고 이 말도 꼭 해 주세요.

"사람들과 소통하는 능력을 키워라. 소통은 의사로서 아주 중요한 능력이야. 환자, 환자와 가족들과 소통하며 상황을 잘 이해하고, 친절하게 대하는 것이 필요해."

의사의 소통 능력은 갈수록 더 중요해질 것입니다. 소통하는 모습은 부모 자신이 솔선수범해야 할 필요가 있습니다.

마지막으로 자녀에게 필요한 말은 이겁니다.

"항상 감사하며 겸손하게 살아가거라. 의사로서 사람들에게 봉사하는 일은 큰 영광이야. 항상 감사하고 겸손한 자세로 살아가면, 더 많은 사람들에게 사랑과 존경을 받을 수 있을 거야."

물론 초등학생이 감사하며 살기는 어렵습니다. 다른 사람들에게 존경받는 것의 가치 또한 모를 수 있습니다. 그래도 계속해서 이야기를 전해 주는 것이 필요합니다.

그리고 덧붙이자면 이런 애정의 표현도 필요합니다.

"너의 꿈을 응원하고, 무엇이든 도와줄 준비가 되어 있어. 의사가 되기 위한 긴 여정에서도 항상 네 곁에 서 있을 거야. 힘내!"

그렇다면 자녀에게 부모가 절대 해서는 안 될 말은 어떤 게 있을까요? 장기적으로 보았을 때 의대 입시에서 자녀에게 가장 부정적인 영향을 끼치는 말은 부모의 이 말입니다.

"너는 지금은 어렵지만 성적만 오르면 의대에 갈 수 있어."

왜 이 말은 부정적일까요? 우선 공부만 잘하면 의대에 간다는 잘못된 환상을 심어 줄 수 있기 때문입니다. 공부는 의대 입시에 꼭 필요하지만, 다른 것은 엉망이고 공부만 잘하는 인재가 의대에 갈 수 있는 것은 절대 아닙니다. 그리고 이 말은 너무 이른 나이에 '성적이 되면'이라는 현실을 강요하게 되어 아이를 지나치게 현실적으로 만들 수 있습니다. 지나치게 현실적인 아이는 상황을 비관적으로 보게 되어 한 번 원하는 성적을 얻지 못하면 의사라는 꿈을 내려놓을 수도 있습니다. 반드시 피해야 할 말입니다.

Tip! 아이와 함께 보기 좋은 콘텐츠

도서

초등학교 고학년

	제목	저자	출판사
1	십대를 위한 롤모델 의학자	김동일, 어윤경, 최윤경	꿈결
2	낯선 여름, 천국의 문을 두드리다	조르디 이세라 이 파브라	풀빛
3	돌고래가 춤춘다	유타 괴츠	문학과지성사

중학교 저학년

	제목	저자	출판사
1	닥터 노먼 베쑨	테드 알렌, 시드니 고든	실천문학사
2	재밌어서 밤새 읽는 해부학 이야기	사카이 다츠오	더숲
3	과학, 재미가 먼저다	장인수	포르체

영화 및 드라마

	제목	연출/극본	제작사/방송사 (국내배급사)
1	슬기로운 의사생활	신원호/이우정	에그이즈커밍/tvN
2	일하는 세포	스즈키 켄이치/시미즈 아카네	애니플랙스/도쿄MX (애니맥스 코리아)
3	타고난 재능 - 벤 카슨 스토리	토마스 카터	TNT(Netflix)
4	더 웨일	대런 애러노프스키	A24(그린나래미디어)
5	휴먼: 몸의 세계	마리아 윌슨, 레베카 카메론	Netflix

2장

의대 맞춤 과목별 공부법

의대에 가기 위해서는 수학과 물리 공부만 필요한 것이 아닙니다. 의대에서 배우는 화학과 생물학 공부도 필요하고 예과에서 배우는 인문학, 그리고 의사소통의 기본인 국어 공부도 중요합니다. 수학, 과학을 압도적으로 많이 반영하는 공대와 달리 의대에서는 국어, 영어, 수학, 사회, 과학은 물론 제2 외국어, 기술·가정까지 반영합니다. 한 마디로 의사의 첫 번째 조건은 성실성이니 주어진 자신의 책무에 충실하라는 게 의대 교수들의 메시지입니다.

수학 공부법

　수학이라는 학문은 어떤 학문일까요? 수학은 추상적 사유와 논증을 통해서 패턴을 발견하고 이해하는 학문입니다. 수학은 자연과 사회에서 나타나는 다양한 패턴을 수학적 언어로 표현하고, 그 패턴을 이해하고 예측하는 방법을 연구합니다. 예를 들어, 자연에서 나타나는 눈송이의 패턴은 수학적 규칙을 따릅니다. 수학은 이러한 규칙을 이해하고 이를 바탕으로 눈송이의 모양을 예측할 수 있습니다. 그렇다면 의학에서는 패턴이 왜 중요할까요? 바로 의사들이 환자들의 행동과 통증 등으로 질병의 패턴을 알아내려는 사람들이기 때문입니다.

2028 대입 개편안 속 수학의 변화

의사라는 직업은 숫자를 좋아하는 직업입니다. 심지어 의사는 환자를 살리는 게 아니라 숫자를 살리는 직업이라는 주장도 있습니다. 혈압, 혈당 등 환자의 상태를 알려 주는 거의 모든 지표가 숫자입니다. 그래서 의사는 숫자와 친해져야 합니다. 그런 이유로 지금까지는 의대에 가기 위해 초등학교 때부터 고등 수학을 선행하는 것이 일반적이었습니다. 하지만 2025년에 고등학교에 입학할 학생이 치를 2028학년도 입시는 상황이 많이 달라질 전망입니다. 2028학년도 대입 개편안의 수학은 학부모들에게 어떤 시사점을 줄까요?

2028학년도 수능의 수학 문제 출제 범위는 대수, 미적분 I, 확률과 통계만으로 바뀔 예정입니다. 고등학교 2학년 수준으로 난이도와 부담은 줄어들었습니다. 수능 수학의 중심은 함수와 방정식, 부등식이 될 가능성이 높지요. 수능 수학은 확실히 쉬워질 것으로 보입니다. 다만 수능 수학을 공통 과목으로만 출제하겠다는 정부의 안에 대한수학협회와 대학의 수학과들이 강력하게 반발하자, 정부는 수능 수학을 일반 선택으로 확장하

고 기하와 미적분Ⅱ를 포함한 심화수학 과목을 추가하는 방안
을 고려 중입니다.*

공통 과목	선택 과목		
	일반 선택 과목	진로 선택 과목	융합 선택 과목
공통수학1 공통수학2 기본수학1 기본수학2	대수 미적분Ⅰ 확률과 통계	기하 미적분Ⅱ 경제 수학 인공지능 수학 직무 수학	수학과 문화 실용 통계 수학과제 탐구

※ 음영 처리된 부분은 2028학년도 수능 개편 시안에 다른 수능 출제 과목
출처: 교육부, 2028 대학입시 제도 개편 시안, 2023

　　이번 수능 개편안으로 미친듯이 불어닥쳤던 대치동의 수학
선행 광풍이 조금 약화될 것이라 바라 보는 시각도 있습니다.
그러나 심화수학의 난이도에 따라 오히려 반대의 상황이 될
수도 있습니다. 평가원에서 예시 문제가 나와 봐야 알겠지만,
절대평가 50점 만점의 심화수학에서 45점 이상을 받기란 절
대 쉬운 일이 아닐 것입니다. 지금도 수학 미적분 선택자들 중
에서 미적분 25점을 다 맞는 경우는 그리 많지 않습니다. 여기
에 기하까지 생각하면 아무리 절대평가라고 해도 만점은 가볍
게 볼 일이 아닙니다. 무조건 45점 이상을 맞아야 의대가 가능
하다고 볼 때 미적분에서 1문제, 기하에서 1문제 이상 틀리면
정시로 의대 지원은 꿈이 될 수도 있습니다.

*　　교육부, 2028 대학입시제도 개편 시안, 2023

결국 2028학년도 수능 수학에서 중요한 것은 심화수학의 난이도와 1등급의 비율입니다. 그러나 이 내용은 2028학년도 수능을 치러 보기 전까지는 아무도 알 수 없는 상황입니다. 그렇다고 한다면 불안감에 휩싸인 대치동 학부모들의 수학 선행 열풍은 어쩌면 미적분을 넘어 기하까지 초등 6학년 때 끝내는 수준으로 심화될 가능성이 있습니다. 수학 학원들 역시 이제 미적분이 아니라 기하까지 선행해야 한다며 불안 마케팅을 조장할 수도 있습니다.

학원들의 불안 마케팅에 휩쓸려 초등학생 때부터 아이의 수준에 맞지 않는 과도한 선행을 할 필요는 없습니다. 그러나 앞으로 어떻게 될지 모르므로 수학이 쉬워질 것이라 안심하고 있어서도 안 됩니다. 특히 학생들 중에서는 기하 과목에 어려움을 호소하는 비율이 조금 더 높으니, 의대에 가려는 중학교 2학년 이하의 자녀를 가진 학부모님께서는 초등학교 때 내 자녀가 도형 문제에 흥미를 잃지 않도록 각별한 노력을 기울일 필요가 있습니다.

영재학교 준비와 수학 공부

저는 강남의 전교권 학생들을 만날 때마다 혹시 중학교 때 영재학교 준비를 했는지 묻습니다. 그러면 남학생의 3분의 2, 여학생의 절반 정도가 예라고 답합니다. '강남의 전교 1등들은 죄다 영떨이(영재학교 떨어진 아이)다.'라는 말이 약간의 과장은 포함되어 있을지 몰라도, 허위 사실은 아니라는 이야기입니다.

물론 영재학교에서 의대에 합격하는 경우는 갈수록 줄어들고 있습니다. 인서울 의대에서 가장 많은 인원을 뽑는 학생부종합 전형에서도 2024학년도 입시부터는 소논문, R&E, 영재교육원, 인턴십 등 외부 활동이 모두 삭제되며 상대평가 9등급제가 적용되는 학생부로 평가받기 때문입니다. 이런 제도에서 상대적으로 좋은 내신 성적을 받기 어려운 영재학교 학생들은 학생부 종합 전형에서도 불리해지고, 학생부 교과 전형은 지원자체가 불가능할 수도 있습니다. 결국 논술 전형이나 정시로만 의대 입시를 준비해야 하니 영재학교 진학은 어쩌면 무모한 선택일 수도 있습니다. 학교에서 많은 시간과 노력을 쏟아야 하는 과학 실험 탐구 프로젝트를 진행하는 동시에 강남의 자사고 학생들처럼 수능을 대비하기는 어렵기 때문입니다.

이처럼 앞으로 영재학교에서 하는 활동들은 의대 입시에 반드시 필요한 건 아니게 되었습니다. 하지만 그럼에도 영재학교 준비가 의대 입시에 도움이 되는 이유가 있습니다. 바로 영재학교 입학을 위해 초등학교와 중학교에서 한 공부가 의대 입시에서 큰 강점이 되기 때문입니다.

의대를 꿈꾸려면 의대에 갈 만큼 공부를 잘해야 합니다. 초등학교 때는 수학과 독서로 대변되는 문해력을 확실하게 잡아야 하지요. 영재학교 준비생들은 초등학교 때부터 KMO*, 전국 영어·수학 학력경시대회 등의 경시대회를 준비합니다. 초등학교 때는 시험도 없고 수행평가도 없기에, 사교육의 도움을 받아 경시대회 반에서 실력 있는 학생들과 경쟁하는 방법 외에는 자신의 실력을 키우고 확인할 방법이 없기 때문입니다. 경시대회를 준비하며 아이들은 수학 실력을 키울 뿐만 아니라 어려운 과제를 마주했을 때 해결해 가는 법, 시간 관리하는 법 등도 함께 연습할 수 있습니다. 초등 사교육은 학교 진도 준비보다는 경시대회를 위주로 준비하는 게 맞습니다.

또한 영재학교를 준비하게 되면 수학과 물리 실력이 수능급이 됩니다. 사실 의대에서 공부하는 과학 과목은 화학, 그리고 생리학이라 부르는 생명과학입니다. 커리큘럼 상 그 중에서도 생리학이 훨씬 더 많지요. 그래서 의대 입시를 대비하는 고등학생들은 학생부 심화 활동을 생명과학이나 화학 위주로 하는 경우가 많습니다. 반면 영재학교에서는 학생을 선발할 때 물리를 중심으로 과학 과목을 살핍니다. 물리를 잘하는 학생

---

* KMO(Korea Mathematical Olympiad): 한국수학올림피아드. 국제수학올림피아드 참가 학생을 선발하기 위한 대회.

들이 좀 더 똑똑하다고 판단하기 때문입니다. 물리는 과목 특성상 수학과 연관성이 많아 수학 실력을 영재학교를 준비하는 정도로 높이면 물리 실력도 자연스럽게 향상시킬 수 있습니다. 그래서 의대를 준비하는 초등학생이나 중학생은 생명과학이나 화학처럼 의대에서 주로 배우는 과학이 아니라 수학과 연관성이 좀 더 있는 물리 선행을 많이 하는 편입니다.

물리를 초등부터 준비하라는 메시지에 불을 지핀 곳이 바로 서울대입니다. 서울대 의대는 2024학년도 입시에서 수능 성적을 반영하는 정시와 수시 지역 균형 전형의 지원자는 물리나 화학 과목 중 한 과목을 필수로 이수하도록 지정했습니다.* 생명과학이 아니라 물리를 필수 이수 과목으로 지정한 것은 수학 선행에 집중하던 학부모들에게 앞으로는 수학 선행 실력을 바탕으로 물리의 개념 이해와 문제풀이에 도전시키라는 행간의 메시지를 던진 것으로 볼 수 있습니다.

물론 영재학교에서 의대를 준비하는 학생들은 중학교 때 화학 올림피아드를 응시하는 경향도 있습니다. 화학을 중시하는 의대의 교과과정을 의식했기 때문일 것입니다. 그러나 결국 화학과 물리, 생명과학은 모두 연결되어 있습니다. 또한 의학이 의공학을 품고 더 크게 발전하기를 바라는 마음을 가지고 있는 의대 교수들은 물리를 잘하는 학생이 좀 더 많이 왔으면 하는 바람을 갖고 있습니다.

---

* 서울대학교, 2024학년도 대학 신입학생 정시모집('나'군) 안내, 2023

물리를 어려워하는 학생은 중학교 때 수학 공부에 투자하는 시간 다음으로 물리에 투자하는 것이 맞습니다. 고등학교에 가서 어렵다고 느끼면 그때는 이미 늦었기 때문입니다. 이런 관점에서 중학교 때 영재학교 입학을 준비하게 되면 수학과 물리에서 모두 도움이 됩니다.

수학은 초등 때 끝내자

지금은 사라진 전형이지만 국내 메이저 의대로 손꼽히는 울산대 의대는 국내에서 가장 어려운 수리 논술을 실시하던 의대입니다. 저는 과거 울산대 의대에 합격한 학생을 만난 적이 있습니다. 영재학교를 다니며 학원의 도움 없이 독학으로 수능 준비를 하고, 수능 3개 영역에서 전부 1등급을 받은 뒤 수리 논술 4문제 중에서 3문제를 완벽히 풀어 수백 대 1의 경쟁률을 뚫고 울산대에 합격한 학생이었지요.

그 학생은 수능 수학 범위인 수학 1과 수학 2, 그리고 선택 과목인 미적분 세 과목의 진도를 언제 마쳤느냐는 저의 질문에 초등학교 6학년 때라고 답했습니다. 당시 의대 본과생으로 열심히 공부 중이었던 그 학생은 한마디로 이렇게 결론을 내렸습니다. "고등 수학은 초등학교 때 끝내라."

물론 이런 최상위의 수학 실력을 필요로 하는 전형은 모집 인원이 120명도 채 안 되는 수리 논술 전형뿐일 것입니다. 2024학년도를 기준으로 서울 상위권 대학에서는 논술 전형으로 가톨릭대에서 19명, 성균관대에서 5명, 경희대에서 15명, 중앙대에서 19명을 모집하고, 그 외에 논술 전형을 시행하는 의대도 경북대, 부산대, 아주대, 연세대 미래캠퍼스, 인하대로 총 9개 대학에 불과합니다.* 그럼에도 불구하고 의대를 준비하는 초등학생이라면 수능 수학을 초등학교 때 끝내야 하는 이유가 무엇일까요? 지나친 선행이고 불안 마케팅이라고 비판하시는 분들도 분명 계실 수 있습니다. 그러나 그 학생이 내세우는 근거는 다음과 같았습니다.

첫 번째, 초등학교 공부량이 고등학교 수학 실력의 차이로 이어진다는 점입니다. 결국 초등 선행이 필요한 이유는 고등학교 수학이 어렵기 때문이라기보다, 고등학교 수학을 공부하기 위해서는 초등 단계에서부터 공부량을 늘릴 수밖에 없다는 어쩔 수 없는 현실 때문입니다. 초등 공부량이 늘면 중학교 때의 공부량도 더 늘릴 수 있게 되고, 고등학교에 가서는 많은 학생들이 어려움을 호소하며 시간을 쏟는 수학 내신과 모의고사 준비를 수월하게 할 수 있습니다. 대신 다른 과목 내신이나 의대용 비교과 준비에 더 많은 시간을 투자할 수 있겠지요. 초등학교 때 초등 수학만 공부해서는 현실적으로 중학교, 고등학교

---

* 메가스터디, 2024학년도 대학별 의·치·한·수·약 논술 전형, 2023

에 진학한 이후 갑자기 늘어난 공부량을 따라잡기 어렵습니다.

두 번째, 수학 과목의 전체를 살피게 되면 과목의 이해도가 증가합니다. 수학이 뭔지, 미적분이 뭔지, 확률과 통계가 뭔지 모르고 그냥 문제를 푸는 것보다 초등학교 때부터 수학이라는 학문을 이해하고, 그 학문의 구성 요소를 공부해 문제를 풀게 되면 수학 공부에 대한 자신감이 상승할 수 있습니다. 수학은 문제를 많이 푼다고 해서 실력이 느는 과목이 아니라 내가 배우는 과목에서 요구하는 문제 해결 능력이 무엇인지, 필요한 공식들이 무엇인지 이해가 되어야 실력이 느는 과목입니다. 선행은 수학을 좀 더 이해하기 쉽게 도와줄 수 있습니다.

세 번째, 어렵더라도 여러 번 하면 이해된다는 점입니다. 물론 초등학교 때 고등 수학을 끝내는 것은 어렵습니다. 그러나 초등학교 5학년 때 시작해서 중학교 때 한 번 더 하고 고등학교 수업에서 또 한 번 더 하면 결국은 이해하게 됩니다. 울산대 의대 학생이 이야기한 것은 선행을 통해서 초등학교 때 수능 수학 만점에 도전하라는 말이 아니었습니다. 선행을 통해 내가 모르는 부분이 무엇인지 정확히 알고 그 부분을 이해하기 위해 중학교 수학과 고등학교 1학년 수학에서 무엇을 신경 써야 하는지 미리 알면 수업 시간에 더욱 더 철저히 공부할 수 있다는 게 그 학생의 주장이었습니다.

현실적으로 수학이 안 될 경우 정시로 의대에 가는 것은 불가능합니다. 수시 역시 불가능에 가깝습니다. 수능 최저 기준을 제시하지 않는 의대도 일부 있지만, 200명도 안되는 소수 인원에 끼어들어야 합니다. 또한 이 대학들이 수능 최저 등급을 요구하지 않는 이유는 이 학생이 수학을 잘하는 학생인지 아닌지를 수능 점수를 보지 않고도 내신 성적과 등수, 그리고 선택 과목의 수준 및 특기 사항에 써주신 선생님의 종합적인 평가로 알아낼 수 있기 때문입니다.

선행이 안 된 상태에서 고등 수학을 접하는 것은 위험합니다. 특히 수학 선행을 하지 않은 학생들이 특목고나 자사고, 영재학교처럼 대부분의 학생이 수학 선행이 되어 있는 학교에 들어가게 되면 다른 친구들은 모두 쉽게 이해하는데 본인만 이해하지 못하는 상황을 마주하여 심한 불안감과 좌절감을 느낄 수 있습니다.

모든 공부가 그렇지만 특히 의대에 가기 위한 공부는 심리와 멘탈이 너무나 중요합니다. 수학에서 불안감을 느끼는지, 자신감을 느끼는지는 리트머스 시험지 역할을 한다고 해도 과언이 아닙니다.

과학 공부법

고등학교 때의 과학 공부는 의대 입시에서 정말 중요합니다. 특히 화학과 생명과학이 그렇습니다. 화학은 의학의 기초 학문입니다. 의학이란 인체의 구조와 기능을 이해하고 질병의 원인과 치료 방법을 개발하는 학문이기에 이러한 이해와 개발에는 화학적 지식이 필수적이지요. 또 화학은 생화학, 약리학, 생물 물리학, 유전학 등 의학의 다양한 분야에서 사용됩니다.

생명과학 역시 의대에서 매우 중요하게 생각하는 과목입니다. 2025년에 고등학교에 입학하는 신입생부터는 고교학점제

시행으로 과학이 여러 과목으로 쪼개지게 되었습니다. 그럴 수록 과목을 선택할 수 있는 고등학교 2학년 때부터 최대한 생명과학과 관련이 있는 과목을 선택하여 이수하는 것이 좋습니다. 의대 교수들과 입학사정관들이 이수 과목의 개수까지 셀지도 모르는 일입니다.

과학 선행이 의대 합격 여부를 결정한다

"의대의 전공 적합성은 수학이 아니라 과학이다." 대치동의 모 과학 강사가 한 말입니다. 맞는 말일까요? 그는 이 주장에 한 가지 단서를 덧붙입니다. "수학은 전공 적합성이 아니라 디폴트다."

이 말은 의과 대학들이 학생을 선발할 때 수학은 일정 정도 수준인지만 확인한 뒤, 그 이후는 수학이 아닌 과학으로 적성에 맞는 학생인지 아닌지를 선별한다는 이야기입니다. 그런데 2024학년도 입시부터 자기소개서가 폐지되고 교내상과 자율 동아리, 독서 활동 등이 입시에 미반영되기 시작하면서 변화가 일어났습니다. 자율 동아리, 독서 기록, 그리고 교내상 등으로 전공 적합성을 평가하던 의대들도 더이상 전공 적합성을 원한 다고 노골적으로 밝히기 어려워진 겁니다. 그래서 2024학년도 입시부터는 전공 적합성이라는 단어 대신 진로 역량이란 표현을 쓰기 시작했습니다.

의대에서 배우는 과목들을 생각하면 가장 중요한 과목은 생명과학이고, 그 다음이 화학입니다. 두 과목으로 전공 적합성을 보여주는 건 2024학년도 이후의 입시에서도 중요한 일일 것입니다. 그런데 교육부의 정시 40% 가이드라인이 의대에도 적용되면서 상황이 달라졌습니다. 2023학년도까지는 서울대 의대를 위해서라도 수능에서 화학Ⅰ이나 생명과학Ⅱ 중 한 과목 이상을 선택해야 했던 학생들이 상대적으로 어렵지 않은 생명과학Ⅰ과 지구과학Ⅰ을 선택하게 된 것입니다. 수능에서 화학Ⅰ의 선택자는 급격하게 줄었습니다.[*] 그래서 서울대가 화학을 지키기 위해 2024학년도부터 지역 균형 전형 지원자들과 정시 지원자들에게 물리Ⅰ과 화학Ⅰ, 혹은 물리Ⅱ나 화학Ⅱ 과목 중 한 과목을 필수로 선택하도록 한 것입니다.

예전까지는 생명과학이 의대 전공 적합성을 보이는 데 압도적으로 유리한 과목이었지만 지금은 그 무게 중심이 물리와 화학으로 분산되고 있습니다. 영재학교에서 수시로 의대에 간 학생들, 외대부고나 민사고, 하나고에서 수시로 의대에 합격한 학생들은 소위 전공 적합성을 생명과학으로만 채우지 않았습니다. 의외로 화학 선택자가 많았지요. 그리고 중학교 때 화학 올림피아드를 한 학생이 생명과학 올림피아드를 한 학생보다

---

[*] 임지연, '한국사 결시율 17.7%' 지속 증가…과학탐구Ⅱ 과목 응시자 감소로 표준점수 상승', 한국대학신문, 2023.06.27, https://news.unn.net/news/articleView.html?idxno=548906

많았습니다. 제가 컨설팅했던 학생 중 2023학년도 수시로 중앙대에 합격한 자사고 졸업생도 생활기록부는 화학 생활기록부였습니다. 그의 화학Ⅱ 세부 특기사항란에는 앤더슨 하셀바흐의 식이 적혀 있습니다. 수시로 의대를 가려는 학생들은 생명과학으로만 학생부를 채우는 것보다 화학을 생명과학과 같이 섞는 것이 유리합니다.

만일 화학이 수능 과목에 포함되지 않는다 하더라도 화학은 난이도가 있는 과목이기 때문에 중학교 때부터 화학 선행을 하는 것이 좋습니다. 특히 전국 단위 자사고에 가려는 학생들은 필수입니다. 하나고에서는 1년 동안 화학Ⅰ과 화학Ⅱ를 모두 배웁니다. 그리고 고등학교 3학년 때는 고급이라고 불리는 대학교 일반 화학을 공부시킵니다. 의대에서 보기에 생활기록부에 이런 내용이 적혀 있는 학생과 그저 진도를 따라가기 바빴던 학생들은 수준차가 날 수밖에 없습니다.

물리는 의대가 의공학을 중요시하고 인공지능과 협업을 강조하면서 새롭게 부각되고 있습니다. 서울대 물리학과를 다니다 반수로 고려대 의대에 합격한 학생이 면접에서 물리를 전공했다고 하니 의대 교수들이 반색을 하며 '우리는 물리를 잘하는 인재를 원한다.'고 말했다는 이야기를 생생히 기억합니다. 성균관대 의대의 경우, 2023년 8월 30일 서울 삼성 병원에서 열린 의대 입시 설명회에서 성균관대 의대 합격자들이 고등학교 때 어떤 과학 과목을 들었는지 표로 공개했습니다. 성균관대는 과학 8과목 선택자 수도 보여 주면서 생명과학을 하는 학생들이 많은 건 사실이지만 그게 꼭 성균관대가 생명과학을 중시해서 그런 것은 아닐 수 있다고 언급했습니다. 그리고 서울대처럼 물리 선택을 필수적으로 강요하지도 않는다는 말도 했습니다. 결국 의대는 과학이 중요하지 특별히 생명과학만 중요한 것은 아닙니다. 이 점은 2028학년도 입시를 준비하는 학부모들에게 꼭 필요한 메세지입니다.

수능과 관계없이 초등과 중등에서 수학 다음으로 과학을 신경 써야 하는 또 다른 이유는 대학별 고사 때문입니다. 현재 일부 대학이 치르는 논술은 수학 시험이 대부분이고 면접은 수학이나 과학 과목이 아닌 인성과 적성을 보는 MMI 면접이 다수입니다. 그러나 2028학년도부터는 수능에서 물리, 화학, 생명과학, 지구과학의 개별 과목이 사라지고 통합과학이 도입되는 만큼 대학들은 논술 고사에서 과학 논술을 추가하거나 2단계에 치르는 면접 고사에서 인적성 외에 과학 제시문을 이용해 학생들의 기본적인 과학 지식을 측정하려고 할 가능성이 있습니다. 과학을 미리미리 공부해 두어야 하는 이유입니다.

영어 공부법

    수학과 과학 세 과목(물리, 생명과학, 화학) 다음으로 의대 교수들이 학생들에게 원하는 공부는 영어입니다. 수능 영어가 절대평가로 전환되면서 영어의 변별력은 많이 떨어졌지만, 그렇다고 영어를 놓아도 되는 것은 아닙니다. 가천대를 비롯한 많은 대학들이 학생부 교과 전형에서 동점자가 발생했을 때 영어 성적 우수자를 우대합니다. 정시 전형에서 학생이 수능 영어 2등급을 받은 경우 총점에서 10점을 깎는 전남대 같은 대학도 있습니다. 대학에서 만나는 수많은 원서를 직독직해하고,

영어로 된 인간의 몸과 질병 표현들을 우리말처럼 자연스럽게 말하려면 학생들은 당연히 영어를 잘해야 합니다. 특히 수능의 변별력이 약해졌기 때문에 내신이 9등급 상대평가를 유지하는 2027학년도까지는 영어 내신 등급이 중요할 수밖에 없습니다. 고교학점제에서도 심화영어나 진로영어, 고급영어 등 영어 관련 과목을 많이 선택해 듣는 것이 의대 입시에 확실히 유리할 것입니다.

의대에서 원하는 영어

최근 영어는 유치원 때 가장 많이 투자하고 초등학교 때 만개했다가, 중학교 때부터 급격히 줄어들어 문과든 이과든 고등학교 때는 별로 열심히 공부하지 않는 과목이 되었습니다. 그러나 학생들이 아무리 영어 공부를 미리미리 한다고 해도 영어 1등급을 받는 학생은 전체 5% 내외로, 상위권 이과 학생들은 충분한 영어 성적을 받지 못해 곤란한 상황을 겪는 경우도 많습니다.

의대는 영어를 잘하는 학생을 뽑는 학교가 아니라 영어를 못하는 학생을 걸러 내는 학교입니다. 의대도 처음에는 영어 실력이 뛰어난 학생들을 좋아했습니다. 과거에 서울대 의대,

연세대 의대에서도 외고 출신 학생, 국제고 출신 학생을 뽑은 바가 있지요. 그런데 지금은 외고나 국제고 학생이 거의 뽑히지 않습니다. 사실 내신이 아무리 높아도 지원을 못 합니다. 영어를 아무리 잘한다고 해도 화학, 생명과학으로 드러난 객관적인 실력이 없는 학생을 의대가 영어 실력 하나만으로 뽑는 일은 없기 때문입니다.

영어 실력 하나만으로 의대 입시에 성공하기는 힘들지만, 그럼에도 불구하고 의대에서는 영어 리딩뿐 아니라 스피킹까지 잘할 수 있는 인재를 원합니다. 영어로 의사소통이 가능한 의사들은 돈이 되는 해외 부자들의 의료 행위를 맡아 할 수 있고, 대학교수들 세미나에서 영어로 자신의 연구 성과를 발표하는 기회를 가질 수 있습니다. 서울대 의대가 2022학년도 수시에서 민사고 학생을 4명씩이나 뽑은 이유는 그들이 가진 영어 실력을 인정했기 때문이기도 합니다.[*]

초등 영어는 원서 읽기로 시작하자

초등 영어 학원들은 어떻게 의대 수요를 흡수할까요? 의대를 준비하는 자녀를 둔 학부모들 사이에서는 영어 원서 읽기를 초등부터 시작하는 프로그램이 가장 인기가 많습니다. 영어

---

[*]　권수진, "2022서울대 의대 합격자.. 민사고 외대부고 상산고 휘문고 4명 '최고'", 베리타스알파, 2022.02.09, https://www.veritas-a.com/news/articleView.html?idxno=406089

학원인데 말의 유창성보다 원서 빨리 읽기나 어휘력을 강조하는 곳은 의대 준비생들을 모아 의대 영어를 가르치고, 이후 수학이나 과학 강사를 고용해 종합 학원으로 성장하려는 의지가 있다고 볼 수도 있습니다. 꼭 그렇지 않다고 하더라도 영어 원서 읽기 프로그램은 어려운 의대 영어를 시작하기에 좋은 프로그램입니다.

그렇다고 해서 영어 원서 읽기만 할 것이 아니라 영어 독서는 국문 독서와 병행하는 것이 좋습니다. 《영어 질문 독서법》[**]의 저자 대치동 헤더샘은 초등학생 때 국문 독서와 영어 독서를 병행할 경우 영어를 쉽고 재미있게 공부하면서 새로운 지식이 늘어나는 가운데 국어 과목에도 시너지 효과가 난다고 이야기합니다. 기존 말하기 위주의 영어 수업을 통해서는 영어 레벨을 한 단계 올리는데 1년이 걸린다면, 원서 독해와 말하기를 적당히 병행하는 수업은 그 시간을 절반으로 단축할 수 있다는 것입니다. 또 읽기 지문에서 의사나 환자 이야기가 나오면 신이 나서 자연스럽게 동기부여가 됩니다. 초등 단계에서부터 생각을 의대 교수와 비슷하게 만들어 주는 효과도 있습니다. 실제 제가 만난 많은 의대생들이 초등학교 때부터 영어 원서 읽기로 영어 선행을 했고, 리딩과 스피킹 공부를 병행하며 영어 실력을 향상시켰다고 말했습니다. 결과로도 증명이 된 셈입니다.

[**] 대치동 헤더샘, 《영어 질문 독서법》, 더블북, 2023

수학도 초등학교 때, 영어도 초등학교 때 끝내라고 하는 것은 어찌 보면 너무나 비현실적인 요구입니다. 의대를 가기 위해서라면 초등학교 때 수능 영어 1등급을 받을 정도의 실력을 갖추라는 말도 마찬가지입니다. 초등 수학과 다르게 초등 영어는 문제를 많이 풀기보다 표현 중심으로 입을 먼저 열게 한 뒤, 평생 한국어 다음으로 구사할 수 있는 친숙한 언어로 만드는 것이 중요합니다. 초등 6학년인데 고등학교 3학년이 푸는 수능 영어 시험지를 풀어 1등급 컷을 넘겼다고 기뻐할 것도 없고 그리 권장할 것도 아닙니다.

4

국어 공부법

교내상이 생활기록부에 반영되던 때, 의대에서는 토론 대회 수상 실적을 굉장히 중요하게 살펴보았습니다. 그런 점에서 의대 입학을 희망한다면 국어 과목 역시 소홀해서는 안 됩니다. 많은 의대에서 실시하는 MMI 면접은 환자와의 소통 능력 그리고 의사로서의 인적성을 평가합니다. 구술로 하는 국어 시험이라고 해도 과언이 아니지요. 이 면접은 학생이 의학 지식을 얼마나 많이 알고 있는지를 평가하는 것이 아니라 그 학생이 지닌 커뮤니케이션 스킬이 의사라는 직업에 잘 맞는지를 보고자 합니다. 따라서 의대에서는 국어 과목 중에서도 화법과 작문이나 언어와 매체 같은 선택 과목을 중요하게 살핍니다. 수시를 통해 많은 학생을 의대에 보내는 고등학교들 역시 상위권 이과생들에게 위 두 과목을 모두 듣게 하는 전략을 펼치고 있습니다.

의사소통 능력은 의사의 필수 역량

의대생, 공대생, 인문대생, 사회과학대생 중에서 고등학교 때 독서를 가장 많이 하는 학생은 누구일까요? 과거 대학 입시에 독서 활동이 반영되었을 때, 경희대가 학생부 종합 전형인 네오 르네상스 전형 합격자의 생활기록부에서 독서 활동의 권수와 도서의 종류를 공개한 적이 있습니다. 당시 철학과 신입생과 물리학과 신입생이 30권 가까운 권수를 자랑해 1~2위를 기록했고, 의대는 그다음 수준이었지요. 한 학기에 약 5~6권 정도의 책을 읽는다는 이야기입니다. 지금은 철학과나 물리학과를 희망하는 학생보다 의대 진학에 관심 있는 학생들이 책을 더 많이 읽는 분위기입니다. 특히 두 학생의 어린 시절을 살펴볼 경우 그 차이는 두드러집니다. 의대 준비생일수록 어린 시절에 책을 더 많이 읽습니다. 과거와 달리 지금의 초등학생 학부모들은 초등 단계에서 가장 중요한 것이 문해력이고, 문해력이 약하면 수학만 잘한다고 해서 대학에 갈 수는 없다는 점을 잘 알고 있기 때문입니다.

특히 의대생들에게 국어 문해력이 중요한 이유는 여러 가지가 있습니다. 가장 중요한 이유는 의학 정보를 이해하고 활용하기 위해서입니다. 물론 대학 진학 이후에는 영어로 된 교재나 논문을 많이 읽지만, 영어 문해력의 기본도 실은 어려서 읽은 국어 비문학 독서가 기반이 되어야 합니다. 의학은 매우 복잡한 학문 분야이며, 의학 지식은 끊임없이 발전하고 있습니다. 따라서 의대생들은 의학 정보를 정확하게 이해하고 활용할 수 있는 능력이 필요합니다. 이를 위해서는 국어 문해력을 통해 의학 전문 용어를 이해하고, 의학 논문을 읽고 분석할 수 있는 능력을 키워야 합니다. 인체의 몸과 관련된 수많은 영어 용어들과 질병, 증상들을 우리말로 이해하는 과정에서 영어 실력과 국어 실력이 함께 늘 수 있습니다.

두 번째로 문해력을 의대에서 중시하는 이유는 환자와의 소통을 위해서입니다. 실제 2023학년도 서울대 의대 수시 지역 균형 전형의 면접에서는 고 이어령 장관이 자신보다 9년 먼저 암으로 세상을 떠난 장녀를 그리워하며 쓴 시인 〈살아 있는 게 정말 미안하다〉를 지문으로 제시했습니다. 이 시를 보고 학생들은 어떤 느낌이었을까요? 서울대 의대 교수가 첫 번

---

* 이어령, 《헌팅턴비치에 가면 네가 있을까》, 열림원, 2022

째로 질문한 것은 이 내용입니다.

Q. 지원자가 담당 의사라면 자녀의 임종을 지켜보는 부모에게 어떤 위로를 하겠는가?

쉽지 않은 주제이지요. 어른들도 답하기 어려운 질문입니다. 이런 질문에 능숙하게 답변하는 데는 비슷한 경험을 다룬 책을 많이 읽으며 나라면 그 상황에서 어떻게 대처할 것인지 시뮬레이션을 끊임없이 돌려 본 학생이 유리합니다. 의사는 환자의 증상을 정확하게 파악하기 위해, 또 환자에게 적절한 치료를 제공하기 위해 원활한 소통을 할 수 있어야 합니다. 이를 위해서는 국어 문해력을 통해 환자의 말을 정확하게 이해하고, 환자의 질문에 이해하기 쉽게 답변할 수 있는 능력을 키워야 합니다.

세 번째로 의사에게 문해력이 중요한 이유는 의료 윤리와 법률을 준수하기 위해서입니다. 의사는 존경받는 직업인 만큼 환자의 권리를 존중하고, 의료 윤리와 법률을 준수해야 하는 윤리적 책임이 있습니다. 이를 위해서는 국어 문해력을 통해 의료 윤리와 법률에 대한 지식을 이해하고, 이를 실천할 수 있는 능력을 키워야 합니다. 의사들은 의학 서적 못지않게 법률 서적을 많이 보는 것으로도 유명합니다. 법률 서적은 한자어로 되어 있으며 가장 읽기 어려운 분야이기도 하지요. 그래서 어려서부터 의대를 희망하는 학생들은 한자 공부도 하면서 한자어가 많은 비문학 지문을 많이 읽어 두는 것이 유리합니다.

네 번째 이유는 의사로서의 전문성을 유지하기 위해서입니다. 의사는 끊임없이 자기 계발을 통해 전문성을 유지해야 합니다. 이를 위해서는 다양한 의학 정보를 접하고, 이를 자신의 전문 지식과 결합할 수 있는 능력을 키워야 합니다. 의사들이 바쁜 와중에도 책과 신문을 꾸준히 읽고 의학 지식 외에 시사 뉴스, 그리고 최신 기술 이슈에도 훤한 이유는 그들의 문해력 덕분이기도 합니다.

의사는 정말 언어 능력이 중요합니다. 같은 병과 같은 치료법을 제시해도 의자의 화술에 따라 환자의 치유 능력은 전혀 다른 결과를 빚을 수 있습니다.

의사 A : 지금 환자분은 중대한 선택의 기로에 서 있습니다. 어떤 부작용이 있는지 아직 검증되지 않은 새로운 항암 치료를 받으실지, 완화 치료를 받으실지 둘 중 하나입니다.

의사 B : 지금 환자분은 무척 혼란스러우실 거예요. 이해합니다. 그렇지만 희망은 있다고 생각합니다. 새로운 항암 치료를 받으면 앞으로 5년 동안의 생존율을 10% 이상 늘릴 수 있습니다. 물론 그 과정에는 필연적으로 고통이 수반됩니다. 결정은 환자분께서 하시는 것이지만, 제가 만약 환자님과 같은 케이스의 가족이 있다면 그 가족에게 어떻게든 환자를 살리는 확률을 높일 수 있는 새로운 항암제를 권할 것 같습니다.

같은 치료를 권하고 있지만 왠지 B 의사의 말이 더 믿음직스럽고 안심이 됩니다. 문해력이 바탕이 된 의사소통의 힘입니다. 의사의 언어는 모름지기 환자의 두려움을 경감시켜 주는 방향으로 진화해야 합니다.

초등학생이라면 수능 공부보다 독서

초등학교 고학년 때부터 수능형 국어 문제를 풀며 수능을 대비시키는 국어 학원이 많습니다. 수능의 비문학 지문에서 많은 학생들이 어려움을 겪으니 미리미리 지문에 노출시켜 문제를 푸는 데 익숙해지도록 해야 한다는 논리입니다. 그래서 수능의 국어 지문처럼 짧게 편집된 글을 읽으며 내용을 파악하는 연습을 중심으로 국어 공부를 시킵니다.

물론 국어도 중학교 3학년부터는 수능형 문제 대비가 필요합니다. 그러나 중학교 2학년까지는 조금 무리입니다. 수능 국어는 수능형 문제를 풀어본 시간만큼 실력이 향상되고 성적으로 보상받는 수학과는 완전히 다른 영역입니다. 수능 국어 시험이 지문을 제대로 읽었는지(사실적 사고), 지문 내용을 바탕으로 다른 내용을 유추할 수 있는지(추론형 사고), 저자의 사고를 비판적으로 평가할 수 있는지(비판적 사고), 제시문의 내용을 현실의 다른 영역에 적용할 수 있는지(창의적 사고)의 네 가지 사고력을 평가하는 것은 맞지만, 이 시험은 그보다도 근본적인 독서력을 측정하는 시험으로 이해하는 것이 맞습니다. 한 권의 책을 통해 완결된 스토리를 읽는 것이 중요한 초등 시기에 벌써부터 토막으로 편집된 제시문을 읽고 객관식 문제를 맞히는 능력을 키울 필요가 전혀 없다는 의미입니다. 제가 만난 의대생 대부분이 수능 국어 영역에서 1등급을 받았지만, 이들은 고등학교 때 인터넷 강의나 대치동 현장 강의의 도움을 빌려 성적을 올린 게 아니라 초등 고학년부터 의학, 과학, 사회, 인문, 역사 등 다양한 주제로 비문학 독서를 하며 문해력을 키웠던 경우가 많았습니다.

편집된 제시문으로 문제를 푸는 능력을 일찍부터 키우면 나무를 보는 눈은 좋아질 수 있습니다. 그러나 숲을 보는 거시적 안목은 떨어지게 됩니다. 나무 보는 눈을 키우겠다고 숲을 보는 안목을 포기해서는 안 됩니다. 논리적 사고력에서는 체계를 살피는 사고가 필수입니다. 하지만 이는 제시문을 보고 객관식 문항을 빨리 푸는 과정을 통해서가 아니라 긴 책을 읽고 저자의 생각을 요약하고, 저자의 생각과 다르게 생각해 보고, 저자와 나의 생각을 비교하기도 하는 과정에서 향상됩니다.

초등 고학년은 아직 수학에 지배 당하는 커리큘럼으로부터 조금 자유로운 시점이기에 국어, 사회, 과학, 역사를 한 번에 해결할 수 있는 좋은 책들로 독서력과 배경 지식을 키울 필요가 있습니다. 아무리 수능 국어가 중요해지고 의대 입시에서도 그러하더라도, 초등 고학년 때 수능 국어 문제나 고등학교 교육청 모의고사를 풀어 90점이 나온 것은 실제 수능 국어와 MMI 면접에서 필요한 제시문 독해 능력을 키우는 것과 별개의 문제입니다. 국어는 문제를 빨리 푸는 연습을 미리 할 필요가 없고 할 수도 없는 과목입니다. 초등 국어는 독서가 전부라고 생각하고 다양한 독서를 한 뒤 책의 주요 내용 요약하기, 마음에 드는 문장 찾아 적기, 인터넷으로 저자에 대한 정보 더 찾아보기, 책 평가해 보기 등의 다양한 독후 활동을 하는 것이 의대 공부에 도움이 될 것입니다.

5

초등 의대 준비 학습의 방향

암기력에 집착하지 마세요

　의대생들은 암기의 달인이라고 합니다. 이윤규 작가의 《무조건 합격하는 암기의 기술》은 문과 출신의 변호사가 쓴 책이지만 의대를 가고자 하는 학생들도 참 많이 읽습니다. 책에 소개된 질문 그대로 "공부할 게 너무 많은데 어디서부터 시작해야 할지 모르겠어요."가 바로 의대생들이 공감하는 부분입니다. 의대가 학생을 선발할 때 머리를 써야 좋은 점수를 얻을

---

*　이윤규, 《무조건 합격하는 암기의 기술》, 더퀘스트, 2023

수 있는 수능 성적과 암기에 의존하는 내신 성적을 동시에 볼 수 있는 수시 전형을 더 선호하는 이유도 의대가 원하는 공부가 암기가 많은 관계가 있기 때문일 것입니다.

그러나 사실 외우는 게 많다고 해서 의대가 암기를 잘하는 학생을 특별히 선호하는 것은 아닙니다. 암기를 잘하는 것과 창의적인 것은 대립되기 쉽고 의대에서는 앞으로 창의적인 인재를 좀 더 선호할 가능성이 높기 때문입니다. 그렇다면 초등 단계에서는 암기와 이해 중에 어떤 공부에 주력해야 할까요? 의대 커리큘럼을 보면 그 힌트를 얻을 수 있습니다.

서울대 의대에서 수강해야 하는 과목	
예과	기초 유기 화학, 기초 유기화학 실험, 기초 의학 통계학 및 실험, 대학생을 위한 지식재산권 개요, 바이오 연구를 위한 동물 실험 방법론, 바이오 창업자들을 위한 마인드세팅과 법 개론, 성의학의 이해, 세포 분자 생물학, 역사, 환경 그리고 건강, 유전학, 의료기기 이해를 위한 공학개론, 의예과 신입생 세미나, 의학을 위한 신기술, 의학 입문, 자유 주제 연구, 한국 근현대 의학사의 이해, 화학 생물학 입문

출처: 서울대학교 의과대학 홈페이지

주로 신입생 때 듣는 예과 과목들입니다. 잘 살펴보면 실험과 관련된 수업, 법이나 창업자 마인드셋과 같은 과목이 있습니다. 암기도 필요하지만 이해가 좀 더 필요한 과목들이지요. '한국 근현대의학사의 이해'라는 과목도 강의명에서 알 수 있듯이 이해가 필요할 것 같습니다.

그렇다면 본과생 때부터 배우는 실습 과목에서는 어떤 역량이 필요할까요?

서울대 의대에서 수강해야 하는 과목	
본과 1학년	정상 인체(인체해부학, 조직학 총론, 인체 조직과 생리학, 인체 생화학, 기초신경과학), 질병 이해의 기초(질병의 병리학적 이해, 감염의 기초, 면역의 기초, 약물의 이해), 인체와 질병I(생식·성장·발달1, 감염과 면역), 의학 연구1
본과 2학년	인체와 질병II, 인체와 질병III, 인체와 질병IV, 의학 연구2
본과 3학년	내과계 실습, 여성과 소아 실습, 외과계 실습, 정신/신경계 및 영상 실습
본과 4학년	선택 임상 실습, 임상 추론, 학생 인턴

출처: 서울대학교 의과대학 홈페이지

본과 1, 2학년 때 배우는 과목들은 철저한 암기력이 중요한 과목입니다. 실제로 의대에서는 거의 매주 쪽지 시험을 보며 복제 수준의 암기 능력을 요구하고 있습니다. 인체의 몸과 몸에 대한 질병 이름을 2년 동안 모두 외운다고 생각해 보세요. 의대에 진학하기 위해 치열한 경쟁을 뚫고 합격한 후 고등학교 3학년 때보다 몇 배나 더 많은 정보를 머리에 집어넣어야 하니 의대 본과생들은 정말 어려울 수밖에 없습니다.

그래서 일부 의대 대비 학원들은 암기력을 강화해야 한다며 수업이 끝난 후 20분 동안 암기 시험을 실시해 그날 배운 것을 테스트하고, 다 외웠을 경우에만 귀가시키기도 합니다.

하지만 이는 절반은 옳고 절반은 틀린 공부법입니다.

의대 공부에 암기력이 필수인 것은 맞습니다. 그러나 의대에 입학하기 위해 거쳐야 하는 대입 수능 시험에서는 암기력보다 사고력을 요하는 문제가 더 많이 출제됩니다. 암기 위주로 공부만 해서는 수능 시험에서 좋은 성적을 발휘하기 어렵습니다. 그리고 AI의 발전 속도가 대학교 본과 수업 방식에 혁명을 가져올 수도 있습니다. 의학 교육에 AI가 도입이 된다면 암기 중심이었던 의대 공부가 컴퓨터 공학이 요구하는 창의적인 교육으로 바뀔 수도 있습니다. 커리큘럼에 의료 AI가 도입돼 의대생들이 자신이 항상 들고 다니면서 써먹을 수 있는 의학 사전을 만들 수도 있을 겁니다. 물론 환자 입장에서는 자신의 질병을 설명할 때 컴퓨터를 보는 의사보다 화면을 보지 않고 외워서 줄줄 외는 의사들을 더 신뢰할 수도 있습니다. 그러나 의학의 발전 속도와 새로운 질병의 등장 등을 고려하면 의사들이 청진기를 내려놓고 AI를 항상 휴대하며 최선의 의료 서비스를 환자에게 제공할 날은 반드시 올 것입니다.

즉, 의대에 들어가기 전까지는 암기에 너무 의존하기보다는 역량 중심의 교육을 하는 것이 좋습니다. 창의력과 순발력을 키워 수능에도 강한 자녀로 키우시는 게 더 좋은 방법입니다.

의대 공부의 기본, 노트 정리

요즘 의대생은 노트를 거의 사용하지 않는다고 하지요. 정말 많은 학생이 아이패드를 사용한다고 합니다. 그래서 공부할 때 더 이상 노트 필기가 중요하지 않다는 주장도 있습니다. 제가 제자들에게 물어보니 의대생들은 아이패드에 미리 교재 PDF 파일을 다운로드해서 읽은 뒤, 애플리케이션을 통해 직접 메모와 필기를 한다고 합니다. 아이패드는 휴대성 때문에도 인기인데요, 지하철 이동 중에 아이패드를 켜서 복습을 하는 학생들도 적지 않습니다.

그럼에도 의대생에게 노트 정리는 필수적입니다. 의대에서 배우는 과목은 크게 인간의 몸에 대한 공부와 인간의 질병에 대한 공부로 나누어지는데, 그중에서도 특히 인간의 몸에 대한 공부는 직접 자신이 그림을 그리면서 소리 내어 철자를 외우는 절차가 반드시 필요하기 때문입니다. 물론 질병에 관한 수업 또한 상당수는 약리학적 차원에서 약물의 작용에 관한 공부이므로 필기를 통해 외우고 또 외우는 게 중요합니다.

고등학교는 어떨까요? 수행평가가 많은 특목고와 전국 단위 자사고에서는 의대생처럼 아이패드를 사용하는 경우가 많습니다. 그럼에도 여전히 일반고 다수는 수업 시간에 선생님이 하신 말씀을 열심히 노트에 받아 적는 문화가 존재하고 있습니다. 학교 수업에서 배운 내용을 제대로 이해하고 복습을 효율적으로 하기 위해서는 효과적인 노트 필기가 필수적입니다.

상위권 학생들의 노트 필기 방법에는 몇 가지 특징이 있습니다. 첫째, 기본적인 필기도구를 선택하세요. 노트 필기를 위해서는 기본적인 필기도구를 선택하는 것이 중요합니다. 글씨가 잘 보이고 필기가 편안한 노트와 필기구를 선택하세요. 또한 색깔 펜이나 포스트잇 등을 활용하면 노트 필기를 더욱 효과적으로 할 수 있습니다. 자신에게 필요한 펜을 고를 수 있는 능력도 공부 잘하는 학생만이 가질 수 있는 특권입니다.

둘째, 수업 내용을 이해하고 정리하세요. 수업 시간에 선생님이 말씀하시는 내용을 이해하고 자신의 언어로 정리하세요. 단순히 선생님이 말씀하신 내용을 그대로 베끼는 것은 효과적이지 않습니다. 선생님이 말씀하시는 내용의 핵심을 이해하고, 자신의 이해한 내용을 정리하는 것이 중요합니다. 당연히 학생들은 적어도 두 가지 색깔 이상의 펜을 준비해 선생님이 가장 많이 강조하는 내용과 그렇지 않은 내용을 구분하는 것이 좋습니다.

셋째, 그림이나 도표를 활용하세요. 의학은 복잡하고 추상적인 내용이 많기 때문에 그림이나 도표를 활용하면 이해하기가 더 쉽습니다. 수업 시간에 선생님이 말씀하시는 내용을 그림이나 도표로 정리해 놓으면 복습할 때 도움이 됩니다. 생명과학이나 화학 같은 의대 필수 과목뿐 아니라 사회나 역사 과목에서도 마인드맵 등을 활용해 시각화하는 것은 상위권 학생의 학생부에서 자주 발견되는 학습법입니다.

넷째, 정리된 노트를 활용하세요. 수업 시간에 정리한 노트를 활용하여 복습을 하세요. 노트를 보면서 수업 내용을 다시 한번 생각해 보고, 이해하지 못한 부분은 찾아서 확인합니다. 또한 노트에 모르는 단어나 용어를 정리해 놓으면 공부할 때 도움이 됩니다. 공부 잘하는 학생들은 노트만 봐도 알 수 있다는 말은 틀린 말이 아닙니다.

다섯째, 다양한 학습 자료와 함께 활용하세요. 책, 문제집, 인터넷 강의 등 다양한 학습 자료를 활용하여 노트 필기를 보완하세요. 다양한 학습 자료를 활용하면 배운 내용을 서로 연결하고 이해도를 높일 수 있습니다. 아이패드로 인터넷 강의를 들으면서 과목별로 마련된 노트에 내신 범위와 관련된 내용을 적는다면 수능과 내신 대비를 동시에 할 수 있는 방법이 될 것입니다.

정부가 2028학년도 대학 입시 개편안을 발표하면서 어느 정도 불확실성이 걷혔습니다. 지금까지 살펴본 내용을 바탕으로 초등학생과 중학생의 학부모들이 해야 할 일들을 정리해 보겠습니다.

① 수학에 가장 많은 시간을 투자하자

정시에서 국어와 수학의 비중이 더욱 커지면서 의대는 대학별 고사 그리고 내신 과목의 평가 등에서 가장 먼저 수학 성적을 살필 것입니다. 수학을 못하면서 의대에 가는 일은 전에도 어려웠고 앞으로도 어렵습니다. 초등 고학년부터는 선행 수학을 통해 고등학교 수학 개념과 문제풀이 방식에 차츰 익숙해져야 합니다.

② 초등은 국어 문해력 공부, 중등은 학교 국어 공부에 매진하자

국어는 수능 성적 위주로 뽑는 정시 그리고 수능 최저가 있는 수시 전형에서 특히 중요합니다. 국어는 의사소통 능력을 볼 수 있는 과목이기에 특히 면접이 없는 전형에서는 더욱 중요할 수밖에 없습니다. 초등 저학년은 수학도 수학이지만 국어와 독서를 더 신경 써야 합니다. 초등 고학년 때부터는 동화책이나 소설책 대신 비문학 독서를 할 수 있도록 독서력도 키우셔야 합니다. 그리고 초등학교에서 중학교로 올라가면 갑자기 교과서가 두꺼워지는 만큼, 중학교 내신 국어는 초등학교 때 쌓은 국어 문해력을 바탕으로 하여 항상 100점을 받는다는 각오로 임하시는 것이 좋습니다.

③ 고등학교 과학 과목 100점을 목표로 준비하자

개별 과학탐구 과목이 사라지고 상대적으로 쉬운 통합과학이 도입되면서 2028학년도 대입 개편안에서 가장 손해를 보는 집단은 과학 학원들이나 학원 강사들처럼 보입니다. 하지만 수능에서 개별 과탐 과목이 빠진다고 해서 과학적 사고력을 키우지 말라는 뜻은 아닙니다. 의사들과 의대 교수들은 자신들이 과학자라고 생각하기에 과학은 아주 중요합니다. 특히 고교학점제가 실시될 앞으로의 상황에서는 진로 선택 과목이 중요한 만큼, 어려서부터 독서와 실험 등으로 폭넓은 과학 과목을 공부하는 것이 중요합니다.

④ 영어는 꾸준히 준비하자

수능 영어는 절대평가 영역으로 완전히 굳어져 있지만, 내신에서는 여전히 많은 의대가 수학과 과학 다음으로 영어 과목을 중요하게 보고 있습니다. 의대를 가려면 특히 초등 단계에 영어에 투자해야 합니다. 단 기존의 회화 중심 영어 공부법 보다는 말하기, 듣기, 쓰기, 읽기 영역을 고루 발전시키는 방식으로 공부할 필요가 있습니다.

⑤ 사회 관련 독서를 통해 MMI 면접을 대비하자

의대는 논술 같은 지필고사 대신 MMI 면접을 계속해서 늘릴 것입니다. 현재 수시에서는 서울대, 성균관대, 울산대, 한림대, 인제대, 고려대, 연세대가 MMI 면접을 실시하고 있고, 정시에서도 연세대 의대는 면접 점수를 주고 있습니다. 울산대, 가톨릭대, 성균관대, 고려대, 서울대 등은 면접을 합격과 불합격의 당락을 결정짓는 자료로 쓰고 있고, 연세대 미래캠퍼스, 건양대 등도 MMI 면접까지는 아니지만 상당한 난이도의 면접을 치릅니다. MMI 면접의 유형은 고등학교에서 익히면 되지만, 그 바탕이 되는 인문학적 소양과 사회 이슈에 대한 관심은 어릴 때부터 쌓지 않으면 고등학교에 와서 따라잡기 어렵습니다. 초등학교 때 사회 관련 독서를 통해 배경 지식을 습득하는 것이 필요합니다.

⑥ 비교과는 초·중등부터 신경 쓰지 말자

학생부 종합 전형에서는 물론 학생부 교과 전형에서도 비교과가 중요한 것은 부인할 수 없는 진실입니다. 그러나

2024학년도부터 반영되지 않는 봉사 활동 기록, 자율 동아리, 교내상이 2028학년도부터 다시 반영될 가능성은 극히 적습니다. 국민 여론이 나쁜 자기소개서가 부활하기도 쉽지 않고, 독서 활동도 명분은 좋지만 정말 읽었는지 확인할 수 있는 방법이 없으므로 반영되지 않을 것입니다. 남는 건 자율 활동과 진로 활동입니다. 이 둘은 고등학교 1학년 1학기 중간고사가 끝나고 나서 준비하기 시작해도 늦지 않습니다. 각 과목의 선생님이 적어 주시는 과목별 세부 특기사항도 마찬가지입니다. 초·중등에서는 비교과를 미리 걱정하기보다는 첫째도 성적, 둘째도 성적을 신경 써야 합니다.

3장

똑똑한
사교육 이용 가이드

아이가 학원에서 자신의 약하고 부족한 부분을 지적받았을 때, 이를 고치려고 노력하는 자세를 보이는 것만으로 의대와 가까워질 수 있습니다. 모든 인간은 완벽하지 않고 어린 아이들은 더더욱 완벽하지 않습니다. 아이들이 더 발전할 수 있도록 부족한 점을 지적해 주는 선생님을 만나 스스로의 부족함을 깨닫고 고치려고 노력하는 모습, 이것이 학원을 다니는 학생들의 가장 긍정적인 변화일 것입니다.

의대 합격생의 사교육 활용법

　의대 합격생들은 서울대 타과 학생들 같은 다른 우수 학생들보다 사교육을 더 많이 받았을까요? 물어보나 마나입니다. 의대 합격생은 사교육을 많이 받습니다. 취재 때문에 의대생들을 만나서 물어볼 때마다 사교육을 받지 않았다고 말한 경우는 단 1명도 없었고, 사교육을 받아서 부끄럽다고 말한 사람도 없습니다. 공식적인 통계는 아니지만 아이를 의대에 보내려는 학부모들은 일반 학부모보다 약 3배 이상의 사교육비를 쓴다는 조사 결과도 있었고, 체감상으로도 그렇습니다. 안타까운 이야기지만 대한민국에서는 돈 없이 의대를 준비하기 어려운

게 현실입니다.

의대 입학생들은 사교육을 받는 시기가 빠르고 깁니다. 과학고, 영재학교, 전국 단위 자사고 입학생들은 이미 초등학교 때부터 사교육에 깊숙히 노출되어 있습니다. 이들은 초등학생 때 영어 사교육을 중심으로 초등 교육과정을 뛰어넘는 수학, 과학 사교육과 독서 혹은 국어 사교육까지 필수로 듣습니다. 특히 초등 단계에서는 공부를 좀 한다고 하면 의대에 가려는 분위기가 있어, 초등학교 때부터 많은 사교육을 받은 학생과 학부모는 투자한 사교육비 때문이라도 의대 합격에 대한 의지가 강합니다.

의대에 합격한 학생들은 기회 균등 전형으로 합격한 소수의 학생 외에는 대부분 유복한 환경에서 자라 어려서부터 아낌없이 지원을 받았을 것입니다. 부모의 직업이 의사인 경우도 많고 의사가 아닌 다른 전문직인 경우도 많습니다. 사는 지역도 비교적 여유가 있는 지역이 많지요. 그래서 의대에 입학하는 학생들은 일찍부터 사교육을 받습니다. 이 말이 곧 의대 입시를 대비하려면 초등학교 때부터 많은 사교육이 필요하다는 뜻은 아닙니다. 하지만 의대를 꿈꾸는 학생이나 공대를 희망하는 학생이라면 먼저 사교육을 시작하는 게 유리한 것은 분명한 사실입니다. 일종의 군비 게임과 같습니다. 남들이 하면 따라 해야 뒤처지지 않는다는 이야기입니다. 지금까지 만난 의대 합격생 중에서도 수학 외에 다른 과목은 사교육 없이 자기주도 학습을 하며 오직 독서로만 사회와 국어, 과학 과목을 대비했다는 학생은 본 적이 없습니다.

의대 진학을 생각하는 학생들은 초등학교 때 문제풀이식 수학 공부보다는 사고력 수학으로 두뇌 훈련을 합니다. 대치동의 특정 학원 출신들이 유달리 많지요. 반면 영어 학원은 의대생들이 선호하는 브랜드가 따로 있지는 않습니다. 대부분의 영어 학원에서 원서 읽기 등 리딩을 특히 강조하는 분위기라, 대한민국 어느 지역에서 학원을 골라도 의대 공부에 밑바탕이 되는 영어 실력을 키울 수 있습니다. 그리고 영재학교를 나와 의대에 간 케이스는 영재학교 준비를 위해 초등 고학년 때부터 심화 사교육을 받습니다. 이들은 영재학교 입시가 수학 하나로 결정되는 것이 아니라 과학도 큰 영향을 준다는 사실을 알기 때문에 일찍부터 영재학교 입시 대비 학원에서 초등 프로그램을 수강하는 편입니다. 의대생들은 본인이 사교육을 받았다는 사실을 부인하지 않습니다. 오히려 자신은 A학원 출신, 자신은 B학원 출신이라며 자신이 공부했던 학원을 자랑스럽게 이야기하는 경향이 강합니다. 사실 그들은 학교가 아닌 학원에서 공부를 배우고 의사라는 꿈을 키우는 방법을 배웠다고 볼 수도 있습니다.

영재학교든 일반고든 자사고든 일단 고등 단계에 들어오면 크게 두 가지 사교육을 집중적으로 받습니다. 첫 번째는 바로 작은 학원에서 소규모로 이루어지는 내신 대비 수업입니다. 그리고 서울대 일반 전형, 성균관대 학과별 모집처럼 최저 등급이 없는 학생부 종합 전형에서 실시하는 MMI 면접 대비를 위해 면접 학원을 다닙니다. 그 외에도 최저 등급을 맞추기 위해서는 수능 대비도 필요합니다. 물론 대치동 현장 강의를 이용하는 학생들도 있지만, 대부분 수능만큼은 인터넷 강의를 통해서 해결하려는 경향이 있습니다.

정시 의대 합격생 중 70%를 차지하는 재수생들은 딱 두 군데 학원에 몰려 있습니다. 강남 대성 학원과 시대인재 학원입니다. 유명 학원에서 같은 꿈을 가진 학생들과 함께하며 자신이 게을러질 때 마음을 다잡을 수 있다는 장점 때문입니다.

결국 의대 입시를 대비한다면 사교육을 받지 않을 수는 없습니다. 그러니 어떻게 사교육을 이용할지에 대해 많은 고민이 필요합니다.

의대 합격생은 시키는 대로만 하지 않는다

사교육을 그 누구보다도 많이 받지만 사교육에서 시키는 대로만 하지 않는다는 것이 의대 합격생들의 특징입니다. 의대 합격생들은 사교육에서 무엇을 얻어 갈까요?

첫째로 의대 합격생들이 학원에서 배우는 것은 '과제 집착력'입니다. 과제 집착력이란 '내게 맡겨진 과제는 반드시 끝낸다.'라는 생각을 말합니다. 의대 합격생들을 살펴보면 초등 때부터 주어지는 과분한 숙제를 꼭 해내려는 경향이 강했습니다. 어떤 의대생도 초등학생 때 학교나 학원에서 내주는 숙제를 하기 싫다고 하거나 못한다고 하는 경우는 없었다는 이야기입니다. 이를 보면 의대에 가는 학생들은 사교육을 받든 공교육을 받든 대단한 과제 집착력을 갖고 있음을 알 수 있습니다. 과제 집착력은 부모님이 가르쳐 줄 수도, 학교에서 가르쳐 줄 수도 없습니다. 저는 공부에서 이 과제 집착력이 무척 중요하다고 생각합니다. 실제로 이 역량을 가장 잘 키워 주는 곳은 학교가 아닌 학원입니다.

두 번째로 의대 합격생들은 시간 관리 능력을 높이는 데 학원 사교육을 이용합니다. 의대생들은 시간이 부족합니다. 공부할 시간이 부족해 잠을 줄이지요. 잠을 줄이면서 공부하는 게 얼마나 힘든 일인지 해 보지 않은 사람은 모릅니다. 결국 주어진 시간을 효율적으로 사용해야 하는데, 이 시간 관리 능력은 의사가 됐을 때에도 꼭 필요한 능력입니다. 시간 관리 능력은 타고나는 것이 아니라 후천적으로 학습되는 능력이기 때문에, 고3이나 N수생들에게만 강조할 것이 아니라 초등 단계에서부터 쌓아야 합니다. 학원의 좋은 수업과 잘 구성된 커리큘럼, 그리고 관리와 동기부여가 접목이 되면 아이들은 시간을 허투루 쓰지 않고 또래 아이들보다 좀 더 성숙해질 수 있습니다.

대치동에서 제가 여름에 목격한 풍경입니다. 아마 의대 준비반을 다니는 초등생인 듯 했습니다. 버스 안에서 아이가 옆자리에 앉은 엄마에게 계속해서 말을 걸고 있었습니다. 궁금해서 몰래 엿들었더니 손흥민 등 연예인 이야기가 아니었습니다. 안락사 찬성의 논거는 이것이고 반대의 논거는 이것이라며 쉬지 않고 말하는 것이었습니다. 어머니는 끄덕끄덕합니다. 이렇게 자투리 시간에 독서와 토론을 챙기려는 어머니의 노력도 대단했지만, 더 신기한 건 이런 내용으로 쉽 없이 말할 수 있는 의대 희망 초등학생의 역량이었습니다.

세 번째로 의대 합격생들은 일찍이 사교육에서 피드백을 받는 과정을 통해 자신의 부족함을 깨닫고 교정하려는 노력을 시작합니다. 지금의 초등학교는 사실상 친구를 사귀러 가는 공간이고, 초등학생들의 공부는 대부분 학원에서 이루어지고 있습니다. 의대 희망 학생이나 그렇지 않은 학생이나 마찬가지입니다. 그래서 피드백 과정을 통해 학생이 스스로 자신의 약점을 파악하도록 하는 것도 학교 선생님의 몫이 아니라 학원 선생님의 몫이 되어 버렸습니다. 슬프지만 엄연한 현실이니 무조건 불평만 하기보다는 이를 잘 활용하려는 자세가 필요합니다.

아이가 학원에서 자신의 약하고 부족한 부분을 지적받았을 때, 이를 고치려고 노력하는 자세를 보이는 것만으로 의대와 가까워질 수 있습니다. 모든 인간은 완벽하지 않고 어린 아이들은 더더욱 완벽하지 않습니다. 아이들이 더 발전할 수 있도록 부족한 점을 지적해 주는 선생님을 만나 스스로의 부족함을 깨닫고 고치려고 노력하는 모습, 이것이 학원을 다니는 학생들의 가장 긍정적인 변화일 것입니다.

초등 의대 컨설팅

초등학생 때부터 의사로 만들어 주겠다는 컨설팅 학원들이 참으로 많이 등장했습니다. 제가 알기로는 서울대 의대 출신, 연세대 의대 출신이 운영하는 곳도 있습니다. 그런 학원들은 초등학생들에게 의대 맞춤 생활기록부를 만들어 주겠다고 유혹합니다. 예를 들면 이런 식입니다.

공대에서는 기계를 이야기할 때 정확도라는 말을 쓰지만, 의대에서는 정확도를 둘로 나눠 민감도와 특이도로 이야기합니다. 민감도와 특이도를 통해 진단 검사의 정확성을 평가하지요. 그 중에서도 민감도는 질병이 있는 사람을 얼마나 잘 찾아내는지를 나타내는 지표이고, 특이도는 질병이 없는 사람을 얼마나 잘 찾아내는지를 나타내는 지표입니다.

민감도는 다음과 같이 계산됩니다.

민감도 = 양성 진단을 받은 환자 중 실제 질병이 있는 환자의 비율

즉, 민감도가 높을수록 질병이 있는 사람을 많이 찾아낼 수 있다는 의미입니다.

특이도는 다음과 같이 계산됩니다.

특이도 = 음성 진단을 받은 환자 중 실제 질병이 없는 환자의 비율

즉, 특이도가 높을수록 질병이 없는 사람을 많이 찾아낼 수 있다는 의미입니다.

민감도와 특이도는 서로 반비례 관계에 있습니다. 민감도를 높이면 특이도가 낮아지고, 특이도를 높이면 민감도가 낮아집니다. 따라서 암 진단 검사나 임신 테스트 등의 진단 검사를 개발할 때는 민감도와 특이도를 적절하게 조정하는 것이 중요합니다.

이런 정보는 의사라면 당연히 알고 있을 내용이지만 일반인들은 잘 모르는 내용입니다. 의사 출신이 의대 컨설팅을 하는 곳은 분명 이런 미세한 부분을 잡아 준다는 장점이 있습니다. 그러나 초등학생, 중학생에게 생활기록부 컨설팅이 중요할까요? 이러한 컨설팅이 필요한 시기는 고등학교 이후입니다. 그래서 초등 의대 컨설팅 학원들은 대학에서 사용했던 MMI

면접 문제를 쉽게 만들어 초등학생들에게 풀게 한 뒤, 서로 토론을 시키는 방식으로 초등 의대 토론 수업을 합니다. 때에 따라서는 고액을 받고 보고서를 작성하는 수업을 하기도 하고, 의사 적성 및 진단 검사를 해 주는 곳도 있습니다. 그러나 제가 취재한 의대 합격생 중에는 초등학교 때부터 이런 컨설팅을 받은 경우는 거의 없었습니다. 초등학생 시기에 컨설팅을 받지 않아도 얼마든지 의대 합격이 가능하다는 이야기입니다.

초등 단계에서는 비교과에 신경 쓰기보다 학습과 공부 습관을 잡아 수학·과학을 중심으로 전 과목을 다 잘하는 아이로 만드는 게 더 중요합니다. 초등학교 때는 의대 입시에 학생부 종합 전형은 없다고 생각하고 비교과에 신경 쓰지 마세요. 대신 공부하는 법을 익혀 적용해 보고, 어려서부터 남을 도우려는 심성을 갖는 게 중요합니다. 초등 의대 로드맵 컨설팅은 그야말로 사족일 뿐입니다.

2

좋은 학원을 선택하는 방법

시스템이 중요한가요, 선생님이 중요한가요?

의대 학원뿐 아니라 학원을 고르는 모든 학부모들의 고민은 '시스템을 중심으로 볼 것인가, 선생님을 중심으로 볼 것인가?'일 것입니다. 결론부터 말씀 드리자면 초등학생, 중학생은 선생님보다 시스템을 더 중시하는 게 맞습니다.

제가 18년 동안 사교육계에 몸담으면서 오랜 기간 살아남는 선생님과 학원을 분석해 본 결과, 좋은 학원은 뛰어난 강사로만 구성된 학원도 아니고 체계적인 관리 시스템만 갖춘 곳도 아니었습니다. 두 가지를 적절하게 갖춘 학원이 장기적으로 살아남아 좋은 평가를 받았지요.

많은 학부모들이 스펙이 좋은 선생님을 따라 학원 선택을 고려하곤 합니다. 사실 서울대나 카이스트 출신 선생님들은 초·중등 학원에서 구경하기 힘듭니다. 고학력 선생님들은 대부분 돈이 되는 고등 시장에 있기 때문입니다. 물론 초등 학원에서도 좋은 학벌의 선생님을 만날 수 있는 경우가 있습니다. 고등부에서 돈을 번 학원 강사들이 독립하면서 원장이 되고, 초·중등에 자신이 키운 강사들을 배치할 때입니다. 이런 경우 원장의 학력과 경력이 가장 강조되곤 하지요.

그러나 학원, 특히 수학 학원을 고를 때는 원장님의 학력만 보기보다 그 원장 선생님이 다른 선생님들을 어떻게 교육하는지에 대해 캐물어야 합니다. 모든 학생들이 원장 직강 강의를 수강할 수 있는 것은 아니기 때문입니다. 원장은 주로 고등부 수능 수학을 직강하고 학교 내신이나 영재학교 대비 수업은 젊은 강사들을 배치하는 경우가 많습니다. 따라서 당연히 원장보다도 직접 우리 아이를 가르칠 선생님들이 어떤 선생님들인지를 더 중요하게 살펴야 합니다. 이들이 수업하는 시간 외에 나머지 시간을 어떻게 보내는지, 어떻게 세미나를 하는지, 어떻게 교재 개발을 하는지, 그리고 학생의 피드백은 어떻게 하는지, 학부모 관리는 어떻게 하는지 등을 학원 실장님과의 상담을 통해서 알아내는 것이 좋습니다. '깊은 생각'의 한석원 원장 같은 경우는 본인이 성공한 뒤 마치 서울대 운동권 시절에 세미나를 하듯이 밤을 새워 가며 교재와 강의 방식에 대해 시연하고, 평가하고, 고치는 과정을 거쳤다고 합니다. 학원의 실적보다 학원의 강사 교육 시스템에 관심을 가져야 진짜 좋은 학원을 발견할 수 있는 법입니다.

또 한 가지 학부모님이 신경 써야 하는 것은 그 학원이 입시를 제대로 아는 학원인지, 특정 과목만 잘 가르치는 학원인지를 따지는 일입니다. 입시와 수능은 매년 변합니다. 정치의 영향도 많이 받고, 대통령의 생각에도 많은 영향을 받습니다. 지난 정부 때는 여러 개념을 융합한 정답률 5% 이하의 킬러 문항이 출제됐던 것과 달리, 이번 정부 때는 2024학년도 9월 모의고사에서 오답률 20% 이하의 문항도 발견하기 어려울 정도로 수학이 쉽게 출제됐습니다. 그 대신 국어와 영어가 어려워졌지요. 2024학년도 수학능력시험에서도 과학탐구는 국어, 영어, 수학에 비해 상대적으로 쉽게 출제되었습니다. 지금까지 수학과 과학만으로 의대에 합격했다면 앞으로는 수학과 과학은 기본이고 국어, 영어, 사회도 잘하는 학생이 의대에 가는 일이 더 빈번할 것입니다.

입시 제도를 학원의 돈벌이에 유리한 쪽으로만 해석하는

학원인지 아니면 정치적 복선까지 읽으면서 제대로 된 전략과 가이드를 제시할 줄 아는 학원인지까지 따져야 합니다. 물론 2028학년도에 정권이 교체되면 의대 가는 방법이 또 달라질 수도 있습니다. 그래서 학원을 선택할 때는 특정 과목이나 특정 학교 내신 설명회만 여는 학원인지 아니면 굵직굵직한 입시 뉴스가 나올 때마다 객관적으로 의대 입시를 위한 로드맵을 그려 주는 입시 설명회를 여는 곳인지를 엄밀하게 따져 가며 선택해야 합니다.

초등 의대반에 꼭 가야 하나요?

시매쓰와 다원교육은 대치동에서 영재학교 및 의대 입시를 준비하는 초·중등 학생들이 정말 많이 다니는 대표적인 학원입니다. 이 중 시매쓰는 대치 분원을 포함해 전국 분원을 다 합치면 1,000명 이상의 영재교육원 합격자를 배출하는 대표적 사고력 수학 브랜드입니다. 대치동에서 고등부와 N수생에게 시대인재가 있다면 초등에는 시매쓰가 있다고 해도 과언이 아니지요. 시매쓰 프로그램 중에는 4~6학년용인 '사고력수학AP'라는 프로그램이 가장 인기가 있는데, 이 프로그램은 다음과 같은 특징이 있습니다.

1. 수학적 개념과 원리를 확실하게 이해
문제풀이식 개념학습을 뛰어넘어 개념활동으로 개념과 원리를 정확하게 이해하고, 사고력활동으로 응용, 심화, 확장 시킵니다.

2. 교과 내신, 각종 경시, 창의사고력까지 완벽 대비
정확한 개념 이해를 바탕으로 내신 대비는 물론 경시 심화문제 해결 및 창의 사고력까지 키웁니다.

3. 자기주도적 탐구, 토론, 발표를 통한 수학적 의사소통 능력 향상
수학적 개념과 원리를 스스로 터득하고, 다양한 협동 수업으로 수학적 표현력을 키웁니다.

4. 실생활과 연계된 스토리텔링과 STEAM교육 강화
실생활 및 타교과와 연계된 융합 문제 해결을 통한 융합사고력을 키웁니다.

출처: 시매쓰학원 홈페이지

수학적 개념과 원리를 확실하게 이해시킨다는 첫 번째 특징은 문제풀이보다는 사고력이 더 중요하다고 생각하는 초등 예비 의대생 학부모들의 마음을 잘 캐치한 부분입니다. 또한 초등 단계에서 의대를 준비하는 가장 확실한 대비법인 경시대회도 확실하게 언급하고 있습니다. 세 번째 특징은 영재학교 입시와 관련이 있습니다. 영재학교 입학의 마지막 3단계인 캠프 전형의 마지막 태스크가 팀 과제입니다. 결국 협력 수업은 영재학교 입시의 마지막 관문이고 의대 입시에서도 서류와 면접에서 꼭 보고자 하는 역량입니다. 네 번째 특징에서 이야기하고 있는 STEAM교육이란 과학(Science), 기술(Technology), 공학(Engineering), 미술(Arts), 수학(Mathematics)를 합쳐 문제해결능력을 키우는 교육을 말합니다. 의대는 수학, 과학만 잘하는 학생을 원하는 것도 아니고 국어, 영어를 수학, 과학보다 더 잘하는 학생을 원하지도 않습니다. 의대는 수학과 과학을 잘하되 국어와 영어, 사회를 못하지 않는 학생을 원합니다. 시매쓰는 초등 의대 입시 전문을 내걸고 있지는 않지만, 의대 입시를 잘 알고 있다는 느낌을 학부모에게 주고 있습니다.

다원교육은 시대인재에 인수되었지만 브랜드는 살아남아 대치동에서 초·중등의 강자로 자리잡고 있습니다. 원래 다원교육은 영재학교, 영재교육원 교육 1위였던 미래탐구 학원의 중등부 팀이 독립해서 차린 학원입니다. 초등 수학을 중심으로 국어, 과학까지 전 과목을 하는 학원이며 연구소가 있어 학생들과 학부모들을 관리하지요. 다원교육의 컨설팅은 초등학생 때부터 의대 로드맵을 짜 주는 '더뎁스(The DEPTH)'라는 프로그램으로 구체화되고 있습니다. 이 프로그램은 학생뿐 아니라 학부모들에 대한 관리와 평가도 같이 하면서 부모와 자식을 함께 의대지향적으로 만들어 준다는 특징이 있습니다.

다원교육은 초등부터 대놓고 의대를 내세우지 않습니다. 그러나 초등 수학 학원들이 영재원 대비와 경시대회, 그리고 사고력을 내건다는 것 자체가 내 자녀를 상위권 학생으로 만들겠다는 뜻이며 그런 의미에서 다원은 전형적인 초등 의대 학원으로 부를 수 있습니다.

다원이나 시매쓰 같은 대형 학원들은 초등학생에게 미적분을 풀게 하는 식의 과도한 선행 학습을 주입식으로 시키지 않습니다. 의대 설명회도 중등부터 시작하지 초등 학부모를 대상으로 의대 설명회를 열지는 않습니다. 이들 학원은 영재원, 외부 경시대회, 그리고 영재학교 입시라는 세 가지 키워드로 상위권을 모아 특별 관리한 뒤 대학 입학까지 쭉 챙기는 스타일이라고 볼 수 있습니다. 수십 명의 의대 컨설턴트들이 포진해 있어 수시 학생부 전형으로 의대에 합격하려는 학부모들에게는 솔깃한 프로그램을 제시하고 있지요. 결국 대치동에서 과도한 선행을 유도하는 초등 의대반 운영으로 지탄의 대상이 되고 있는 학원들은 이런 대형 학원들이 아니라는 이야기입니다.

따라서 언론에서 과장 보도하는 초등 의대반에 너무 현혹될 이유가 없습니다. 초등 의대반이 있는 곳은 대부분 학군지인데, 초등 의대반에 다녀야만 의대에 합격한다는 말이 사실이라면 값비싼 대가를 부담하면서까지 학군지로 이사를 해야 한다는 결론에 이르기 때문입니다. 잘 찾아보면 자신이 있는 동네에도 사고력 수학, 경시대회와 영재원을 대비해 주는 학원이 있을 것입니다. 초등 단계에는 이런 곳에서 사교육을 받아도 얼마든지 의대에 갈 수 있는데 굳이 서울 대치동, 대구 수성구, 부산 해운대를 택할 이유는 없습니다.

초등 종합반은 어떤가요?

대치동은 재수생들이 다니는 학원 외에는 종합반이 없고 국어, 영어, 수학, 과학의 단과 학원뿐입니다. 그러나 서울 인근의 신도시 그리고 지방에는 초등학생을 대상으로 하는 종합반이 많습니다. 초등 종합반은 수학 시수가 가장 많고 국어, 영어, 사회, 과학이 비슷한 시수이며 일주일에 한 시간 정도 논술 수업을 넣어 운영합니다. 그렇게 주 5일 종합 학원을 보내는 데에도 한 달 수강료가 40만 원대로 주 2회 수업의 대치동 단과 학원 수강료와 비슷합니다. 대치동에서 자녀를 의대에 보내고 싶은 학부모라면 초등부터 무조건 단과 학원을 고를 것입니다. 그러나 지방과 강북에서는 조금 고민될 수 있습니다. 맞벌이 부부도 많고 스타 강사보다도 학생을 잘 관리해 주는 곳이 더 좋아 보일 수 있기 때문입니다.

종합반은 여러 과목을 함께 학습할 수 있다는 장점이 있습니다. 이를 통해 학생은 다양한 과목에 대한 이해를 높일 수 있고 학습 시간과 비용을 절약할 수 있습니다. 학생의 학습 성취도를 종합적으로 관리해 주기를 바란다면 종합반이 적합합니다.

반면 단과반은 학생이 부족한 과목을 집중적으로 학습할 수 있다는 장점이 있습니다. 이를 통해 학생은 과목별 성적을 향상시킬 수 있고, 진로와 관련된 과목을 미리 준비할 수 있습니다. 학생의 개별적인 학습 수준과 필요에 맞는 맞춤형 프로그램을 제공할 수 있다는 것도 단과반의 장점입니다.

대치동이나 의대 학부모들이 대형 단과 학원을 선호하는 가장 큰 이유는 아이의 공부 자존감을 높이는 데 학원의 브랜드가 크게 작용하고 있기 때문입니다. 아이들은 자신이 유명한 어느 학원에 다닌다는 사실 자체로 자부심을 느끼고 공부 의욕이 샘솟기도 하니, 아이들 기를 살려 주기 위해서 유명 브랜드의 학원에 보내는 것입니다.

또 한 가지 이유는 자녀의 의대 진학을 희망하는 학부모일수록 초등 수학이 중요하다고 생각하기 때문입니다. 이런 학부모는 아이를 수학 영재로 만드는 데에 시간적, 금전적 자원을 많이 투자합니다. 이것이 의대 입학을 희망하는 자녀 학부모들이 단과반을 선호하는 본질적인 이유입니다. 의대 교수들이 생각할 때 수학은 어디까지나 의대에 들어오기 위한 필요 조건일 뿐이지만, 초등학생과 중학생 자녀를 둔 학부모들은 그렇게 생각하지 않습니다. '수학을 못 하면 의대에 못 간다.'가 아니라 '수학을 잘해야만 의대에 간다.'라고 철썩같이 믿기 때문입니다.

그러나 의대 입시를 위해서 반드시 단과 학원에 가야 하는 것은 아닙니다. 대치동에서 선행과 심화에 중독된 케이스가 아니라면 그리고 학군지에 살고 있는 것이 아니라면 종합반도 충분히 고려해 볼 수 있습니다. 종합반은 주로 네 유형의 학부모를 타깃으로 합니다. 첫째로 수학뿐 아니라 전체 과목 공부의 밸런스가 중요하다고 믿고 여러 과목에 대한 이해를 높이고 싶은 학부모, 둘째로 학습 시간과 비용을 절약하고 싶은 학부모, 셋째로 학습 성취도를 종합적으로 관리받고 싶은 학부모, 마지막으로 초등 때부터 진로를 생각하기보다 공부 습관과 태도를 기르는 것이 더 중요하다고 생각하는 학부모입니다.

이 중에서 마지막 유형의 학부모를 타깃으로 한 학원들이 독립적으로 생겨나는 상황입니다. 의대에 보내고 싶지만 자녀의 역량이 아직 부족하다고 판단될 때, 학부모들은 길게 보고 생각하지 초등 때부터 무리하게 영재원이나 영재학교에 보낼 결심을 하지는 않습니다. 공부하는 습관만 들이면 좋겠다는 학부모, 자기주도 학습이란 게 뭔지만 알았으면 좋겠다는 학부모, 공부는 30분 하고선 휴대폰을 2시간 하는 습관을 고쳤으면 하는 학부모들이라면 선행보다 공부 습관이 더 중요하다고 판단합니다.

물론 의대 입시에 대비하려면 단과 중심으로 학원을 다니며 부족한 과목을 집중적으로 보완하는 것이 더 적합한 학원 사용법입니다. 그러나 의대 대비 이전에 공부 습관을 잡는 것이 필요한 학생에게는 종합 학원이 더 효과적일 수 있다는 것은 분명합니다.

과학 학원, 실험이 중요한가요?

대치동에는 발에 차이는 게 과학 학원입니다. 이 점이 다른 학군지인 분당, 서초, 목동, 중계동, 평촌 등과 다른 점입니다. 정말 가지각색의 과학 학원이 있기 때문에 학생의 성향에 맞는 학원을 고를 수 있습니다. 이렇게 수적으로나 질적으로나 좋은 과학 학원을 고를 수 있는 곳은 전국에 유일하게 대치동뿐입니다.

많은 학부모들이 의대 입학을 위해서는 우선 수학을 잡는 게 중요하다고 생각해 초등 단계에서는 상대적으로 과학에 대한 투자를 많이 하지 않는 경향이 있습니다. 그러나 과학은 초등 때 잡아 두지 않으면 나중에 고생하게 되는 대표적인 과목입니다.

현재 의대를 꿈꾸는 학생들이 초·중등 시절 많이 다니는 학원은 크게 두 곳입니다. 두 학원 모두 수학과 과학을 같이 하지만 무게 중심은 과학에 있습니다. 그 중 하나는 시리우스 학원입니다. 초등 1학년부터 시작되는 의대 로드맵 전략으로 많은 인기를 끌고 있지요. 이 학원은 초등 저학년 때 과학 탐구 대회용 토론 준비, 영재교육원 시험 대비를 시켜 줍니다. 고학년 때는 내부에서 엄선한 과학 교재로 스토리텔링을 통해 과학 개념과 이론을 쉽게 접할 수 있도록 합니다. 그리고 중학교 때는 물리, 화학, 생명과학, 지구과학 과목별 선생님들이 중학교 과학을 각 과목으로 쪼개 진도와 선행을 같이 합니다. 이와 동시에 올림피아드 경시대회 준비를 시켜 주고 있습니다.

또 다른 학원은 플라즈마 학원입니다. 이 학원의 강점은 초등부터 물리 집중반, 화학 집중반을 운영하며 과학에서 제일 어렵고 중요하다는 물리, 화학을 집중적으로 선행시킨다는 점입니다. 타협 없는 고난도 강의라는 표현대로 상당히 난이도 높은 강의로 유명합니다. 학생들의 성적을 매주 그래프로 만들어 부모에게 발송해 부모와 학생을 긴장시킵니다. 그리고 주중에 따로 시간을 내 부족한 학생들을 보충하면서 관리에도 신경을 쓰고 있습니다. 학원의 주요 프로그램은 아니지만 실험을 하고 보고서를 쓰는 수업도 진행합니다.

조금 어린 나이에 학생들에게 실험 및 창의성 위주의 과학 공부를 시키려는 학부모들은 이 두 곳 외에 와이즈만을 많이 택합니다. 이 학원은 진단 검사가 타 학원보다 정교한 편입니다. 학생의 수학·과학 실력 외에 잠재력까지 측정해 장기적으로 학생이 의대에 갈 수 있는지 아닌지를 미리 예측해 줍니다. 초등학교 4학년이라고 하면 의대에 가게 되는 일은 8년 뒤 일이지요. 그때까지 수학과 과학에 대한 관심과 열정이 오롯이 유지된다면 자녀가 의대행 열차에 타는 것은 어렵지 않습니다. 초등 저학년일수록 정확하고도 정밀한 검사가 실시된다는 점에서 영재교육과 의대 입시를 동시에 노리는 초등학교 학부모들에게는 좋은 선택이 될 수 있습니다.

수시로 의대에 갈 정도로 학교 내신을 꼼꼼하게 챙길 수 있는 학생이라면 실험 중심의 과학 학원을 통해 여러 경험을 쌓는 것을 추천합니다. 그러나 정시 파이터가 될 학생이라면 이론 공부, 경시대회 준비 중심의 학원이 맞습니다. 수학에 비해 과학이 뒤처진다고 생각하는 학부모는 진도와 선행을 병행하는 과학 학원을 추천하는 바입니다.

수학 학원, 어디를 보내야 할까요?

메가스터디의 손주은 회장은 2023년 봄 유튜브에 출연해 특정 학원명을 거론하며 신랄하게 비판한 적이 있습니다. 손주은 회장은 지금 대치동에서는 초등학생 때부터 의대에 가기 위한 특수한 사교육이 이뤄지고 있다고 이야기했습니다.

손주은 회장이 언급한 학원이 바로 황소 수학입니다. 지금은 생각하는 황소로 이름을 바꾼 이 학원은 초등학교 4학년부터 시작하는 수학 전문 학원입니다. 생각하는 황소 정규반의 레벨 테스트 통과를 대비하는 학원까지 등장할 정도로 인기인 학원이지요. 이 학원에 입학을 하려면 레벨 테스트를 통과해야 하는데, 주로 초등 3학년들이 풀게 되는 생각하는 황소의 레벨 테스트는 중학교 교과 과정 수준의 난이도입니다. 학원 측에서는 수학적으로 생각하는 방법을 제대로 훈련하기만 한다면 초등 3학년 수학 과정으로도 충분히 풀 수 있는 문제라고 이야기합니다. 물론 손주은 회장처럼 생각하는 황소의 열풍을 비판하는 전문가들도 있습니다. 그러나 이렇게나 들어가기 어려운 학원이다 보니 이 학원에 입학해서 다닌다는 것 자체가 학생들에게 '나는 미래에 의대에 갈 수 있다.'라는 자부심을 느끼게 해주기도 합니다. 그래서 대치동 초등 저학년 학부모들은 '의대에 가려면 이 학원'이라는 생각으로 초등학생 자녀들에게 생각하는 황소 입학을 준비시킵니다.

생각하는 황소의 초등부 스타 류우 강사는 이 학원의 힘이 자습을 통해 만들어 주는 공부 몸이라고 말합니다.[*] 해당 학원에 다니는 학생들은 수업 시간의 절반은 수업을 듣고 절반은

---

[*] 류우, 《초등생을 위한 수학 공부몸 만들기》, 서사원, 2021

반드시 자습실에서 자습을 한 뒤 결과물을 검사받아야 합니다. 초등학생 때부터 정말 치열하게 공부하는 훈련을 시켜서 아이들의 공부 몸을 만들어 준다는 게 이 학원의 강점이라는 것이지요. 수학만큼은 자신이 있어 고등학교 수준의 수학까지 최상위권으로 유지하며 자존감을 높이고 싶은 학생이라면 생각하는 황소가 잘 어울립니다.

의대 입학을 꿈꾸는 초등 3학년 이하의 학생들이 많이 다니는 학원은 따로 있습니다. 바로 소마 사고력 수학입니다. 이 학원은 주 1회 2시간 동안 수업을 하는데, 50분 수업하고 10분 쉬는 방식입니다. 초등 저학년을 대상으로 하는 수학 학원 중에서는 공부량이 가장 많습니다. 아무리 대치동이라고 해도 초등 저학년을 1시간 가까운 시간 동안 집중시키는 건 쉬운 일이 아닙니다. 그럼에도 불구하고 사고력 수학이 대세인 대치동에서는 이 학원의 수요가 높습니다.

왜 의대 입시에 관심이 많은 초등 학부모들이 사고력 수학에 열광하는 걸까요? 수학 동화로 이야기를 나누면서 수학과 국어 실력을 같이 키울 수 있기 때문입니다. 수학적으로 문제 해결 과정을 생각하면서 이를 말과 글로 옮기는 연습도 하니 일석이조의 효과가 있습니다. 사고력 수학 교육에서는 곧바로 문제풀이를 연습하는 것이 아니라 먼저 스토리텔링으로 개념을 정확히 이해하고, 이해한 내용을 말로 옮깁니다. 수학 실력이 늘면서 사고력이 유연해지고, 수학 문제를 풀 때 문제를 자세히 읽는 훈련을 통해서 문해력도 같이 늘어나는 것이 강점입니다. 생각하는 황소에 입학하기엔 아직 어린 나이고, 수학과 문해력을 같이 잡고 싶은 분들은 소마 사고력 수학을 추천합니다.

이 두 학원 외에 메사인재학원은 초등학교 때부터 의대 입시를 강조하고 있습니다. 수학을 중심으로 과학까지 커버하는 메사인재학원은 사고력 수학에 경시대회 준비를 합쳐서 초등부터 의대 입시 준비에 매진하는 학생들을 길러 내는 곳입니다. 특히 초등 저학년 때 몸에 붙은 학습 습관이 고등까지 간다는 믿음 아래, 학생들에게 진짜로 공부하는 습관을 만들어 준다는 게 최근 이 학원이 인기를 모으고 있는 이유입니다. 초등 저학년은 사고력 수학, 초등 고학년은 교과 수학으로 이원화된 다른 학원들과 달리 초등 저학년부터 사고력 수학과 교과 수학을 병행하는 것이 메사인재 학원 프로그램의 특징이지요. 초등 저학년 때부터 그 학생에 맞는 의대 로드맵까지 짜 준다는 점에서 학부모들에게 다른 학원과 차별화된다는 평가를 듣고 있습니다. 조금 더 의대 입시에 특화된 수학을 원한다면 메사인재학원이 적절한 선택입니다.

독서 논술·토론 학원에 보내야 할까요?

'과탐토'로 불리는 과학 탐구 대회 지도를 하면서 영재학교 진학을 희망하는 중학생들을 만난 적이 있습니다. 그 당시 영재학교를 준비하는 학생들은 100% 이과 지향적인 학생임에도 불구하고, 초등학생 때는 물론 중학생 때도 시간이 날 때는 독서 논술 학원을 다녔다는 이야기를 듣고 이채로웠던 기억이 있습니다. 최대 12개의 학원을 다니는 중학생도 보았는데, 그 학생은 영재학교를 나와 의대에 합격하는 것이 목표임에도 불구하고 초등학교 고학년 때 대치동의 유명한 독서 논술 학원을 다녔다고 합니다. 그 친구는 문과 논술을 쓸 이유가 없어 이유가 궁금해 물었더니 이렇게 답변하더군요.

"책 읽을 시간이 없어서 독서 논술 학원을 다니며 커리큘럼에 맞춰 책을 읽었어요."

그래서 제가 그 학생에게 그 유명한 학원에서 어떤 책들을 읽었는지 물어보니 리처드 도킨스의 《이기적 유전자》, 칼 세이건의 《코스모스》 등이라고 답했습니다. 아마 그 학원은 초등학생이 읽기에는 어려운 책을 학생들에게 읽히면서 최상위권 의대를 희망하는 학생들과 학부모의 심리를 파고든 듯합니다. 의대를 가려는 학생들에게 일종의 선행 독서를 시도한 것이지요. 물론 《이기적 유전자》와 《코스모스》가 너무나 유명하고 좋은 책인 것은 맞습니다. 하지만 아무래도 초등학생이 읽기에는 어려운 책입니다.

이 학원에서는 책 내용에 대한 강사의 요약을 들은 후, 독후 활동지를 작성하는 것까지 진행되었다고 합니다. 저는 이런 형식의 독서 논술이 의대 지망생에게 큰 도움이 될지 의구심이 듭니다. 자기소개서도 사라지고 소논문도 사라지면서 의대 희망 학생들에게는 글쓰기보다도 말로 표현할 수 있는 토론 교육이 더 중요해졌기 때문입니다. 의대를 대비하는 학생들에게 친화적인 학원은 아이들에게 제시문을 주고 분석시킨 뒤 글을 요약하거나 비교, 비판하게 하는 유형의 글쓰기 중심 독서 논술 학원이 아닌 토론을 중심으로 의사소통 능력을 키울 수 있는 독서 토론 학원입니다.

의학 토론 대회가 있던 시절, 생활기록부에 외부 대회를 적을 수 없음에도 불구하고 의학 토론 대회에서 상을 받은 학생들이 수시로 의대에 합격하는 경우를 종종 보았습니다. 지금이야 학교명, 학생명 모두 블라인드 처리되지만 당시는 그렇지 않을 때였으니, 아마 의학 토론 대회 수상자를 알고 있던 의대에서 학생의 생활기록부 자소서에 없던 내용을 유추한 뒤 학생 평가에 긍정적인 가점을 준 게 아닌가 싶었습니다.

물론 논문도 쓰고 학술지에 기고도 해야 하니 의대에서 글쓰기 실력이 중요한 건 사실입니다. 그러나 제가 15년간 의대 입시 컨설팅을 위해 의대의 성향을 파악해 본 바로는 의대에서는 의사로서의 소양으로 환자와의 의사소통 능력, 환자를 대하는 방법 등 말하기 태도를 더 중요하게 여깁니다. 비대면 진료가 허용되지 않는 한국에서 의사들이 환자에게 보고서를 보낼 일은 없으니까요.

그래서 초등학교, 중학교 때 과학 탐구 대회에 적극적으로 나가는 것이 도움이 됩니다. 물론 예전에는 과학 탐구 대회가 과학 전람회로 불리고 아이들에게 소논문과 계획서를 요구하기도 했습니다. 그러나 2020년부터는 과학 이슈 토론을 통해 상대를 논리적으로 이기는 방식으로 바뀌었습니다. '한반도는 지진에서 안전한 나라인가?', '원자력 발전 계속 해야 하나?' 등의 주제로 토론을 하니, 과학 탐구 대회를 준비한다면 다른 어떤 학원보다도 독서 토론 학원이 가장 적합합니다.

의대 입시를 준비하는 학생이 고등학교 때 문과 중심의 논술 학원을 다닐 일은 없을 것입니다. 그러나 적어도 초등과 중등학생 시절에는 책을 읽는 힘과 습관을 기르는 것이 무엇보다도 중요합니다. 학원에 다니면 활발하게 독후 활동을 하며 토론까지 할 수 있기 때문에 저는 수학, 과학, 영어 다음으로 챙겨야 할 학원이 독서 토론이라고 생각합니다.

코딩 학원도 필요한가요?

어린 시절 코딩 학원에 다닌 의대생들은 생각보다 많습니다. 물론 그게 다 초등학교 때 일입니다. 과거에는 코딩을 위해 파이썬이나 C플러스 같은 컴퓨터 언어를 공부해야만 했지요. 특히 2016년 알파고가 탄생한 이후 대치동에 코딩 학원은 우후죽순 생겨났습니다.

그러다 올해 초 챗GPT가 국내에 큰 인기를 끌고 챗GPT에게 인간의 언어로 명령을 하면 코드를 직접 짜 주는 시대가 오면서 코딩 학원들은 위기에 빠졌습니다. 심지어 챗GPT의 오픈AI에게 돈을 투자한 마이크로소프트는 컴퓨터 언어가 아닌 인간의 언어로 프로그래밍 가능한 툴도 개발하기 시작했습니다. 그런 점에서 자녀를 코딩 학원에 보낼 때 한 가지 명심하셔야 할 것이 있습니다. 기존 블록 코딩 중심의 코딩 학원은 챗GPT와 같은 인간의 언어를 이해하는 인공지능인 거대 언어 모델(LLM)이 등장한 이후 급속하게 변하는 시대에 맞춰 살아남기 어렵다는 점입니다.

블록 코딩은 텍스트 기반의 코딩 언어 대신 그래픽 인터페이스를 통해 블록을 조합하여 프로그램을 만드는 방식입니다. 대표적인 프로그램으로 '스크래치(Scratch)'가 있습니다. 블록 코딩에서 블록은 각각 특정 기능을 수행하는 명령어를 의미합니다. 실제 여러분들의 초등 자녀는 컴퓨터 언어를 배우는 게 아니라 컴퓨터 언어의 레고 버전을 배우는 셈입니다.

결국 대한민국 코딩 학원 중에서 블록 코딩 학원이 아닌 곳이 많지 않습니다. 그러나 레고를 조립하듯이 컴퓨터 언어를 배워서 프로그램을 만드는 방식은 전망이 좋지 않습니다. 앞으로 5년 늦어도 10년 뒤면 그럴 필요가 사라지는 세상이 반드시 올 것입니다.

물론 의사들도 컴퓨터를 알아야 합니다. 의대에서 학생을 선발할 때도 생활기록부에 의학과 관련된 내용만 적혀 있는 것보다 컴퓨터와 인공지능에 관련된 내용이 함께 적혀 있는 것을 더 선호하는 상황으로 바뀌고 있습니다. 초등학교 때라면 가볍게 코딩 학원에 보내는 것도 도움이 될 것입니다.

코딩 학원에 보내려면 블록 코딩 중심의 학원보다는 실습과 이론을 병행하며 근본적인 컴퓨터 알고리즘에 대해서 가르치고, 컴퓨터 프로그램의 기반이 되는 배경이나 맥락을 공부하는 방향의 커리큘럼을 갖춘 학원이 더 좋습니다. 의대의 입장에서는 어떤 프로그램 언어를 사용하는지가 중요한 것이 아니라 컴퓨팅적 사고를 할 수 있는지, 그 사고가 얼마나 창의적인지, 그리고 의학의 발전에 얼마나 도움이 될 것인지가 중요하기 때문입니다. 프로그래밍 언어보다는 프로그램 마인드를 가르치는 학원에 보내는 게 맞습니다.

의대생에게 과외를 받는 건 어떤가요?

제가 주기적으로 만나 연간 관리를 하는 의대 준비생들을 보면 온라인 과외 플랫폼을 통해 의대 학생을 만나기보다 의대 학생에게 직접 멘토링과 동기부여를 받을 수 있는 오프라인 과외를 하는 경우가 많습니다. 사실 제가 적극적으로 추천합니다. 현역 의대생보다 의대에 가야 하는 이유를 잘 알려 줄 수 있는 사람이 있을까요? 물론 직접 만나 공부 지도를 받으면 비용은 더 늘어나지만, 녹화된 영상을 보고 카톡으로 상담하는 것보다 멘토링의 효과는 훨씬 높아집니다. 제가 경험한 바에 따르면 의대생들에게 개인 과외를 맡겼을 때 학생들에게 이런 이점이 있었습니다.

첫째, 목표 설정과 달성 방법에 대한 조언을 얻을 수 있습니다. 현역 의대생들은 고등학교 때보다 목표 지향성이 더 강해집니다. 현역 의대생들에게 개인 과외를 받는다면 동기부여나 멘토링을 통해 구체적인 목표를 설정하는 방법, 목표를 달성하기 위한 방법을 구체적으로 조언받을 수 있습니다.

둘째, 학습 습관과 태도 개선에 대해 도움을 받을 수 있습니다. 현역 의대생들은 고등학교 시절과 비교했을 때 학습량과 난이도가 크게 증가합니다. 따라서 현역 의대생들은 고등학교 때보다도 더 효과적인 학습 습관과 태도를 갖추고 있는 경우가 많지요. 이런 현역 의대생들에게 개인 과외를 받으며 이들이 직접 사용하는 공부법, 학습 전략 등을 전수 받는다면 학습 습관과 태도를 개선할 수 있습니다.

셋째, 멘토링을 통해 진로 조언을 들을 수 있습니다. 현역 의대생들은 실제로 대학에서 공부를 하며 다양한 진로를 접하게 됩니다. 고등학생이 현역 의대생에게 과외를 받는다면 실제 의대생이 가지고 있는 의학과 진로에 대한 다양한 정보를 얻고, 자신에게 맞는 진로를 선택하는 데 도움을 받을 수 있겠지요. 친구나 형처럼 친해지면서 동아리 활동이나 진로 활동 그리고 세특 등에 관한 귀중한 정보도 얻을 수 있습니다. 특히 같은 지역 출신의 의대생이라면 그 효과는 더욱 증대됩니다. 저 역시 의대 입시 준비생과 의대생을 연결해 줄 때, 의대 준비생이 거주하고 있는 지역의 의대를 나오거나 그 지역에서 고등학교를 나와 학교 정보를 잘 아는 의대생을 추천하고 있습니다.

넷째, 힘든 시기를 지날 때 이를 극복할 수 있는 조언을 얻을 수 있습니다. 이 부분이 굉장히 중요한 부분입니다. 애플리케이션을 통한 비대면 멘토링은 가격이 저렴하고 공간, 시간의 제약이 없어 언제 어디서든 들을 수 있다는 장점도 있지만, 슬럼프가 왔을 때 실질적인 도움을 받기는 어렵습니다. 의대를 준비하는 학생들은 학업뿐만 아니라 생활 등에서 다양한 어려움을 겪습니다. 이때 같은 어려움을 겪은 경험이 있고 이미 그 어려움을 극복해 의대에 다니고 있는 현역 의대생들에게 개인 과외를 받는다면, 개인의 상황에 맞는 조언을 받을 수 있을 것입니다.

마지막으로 자신감을 키우는 데에도 도움이 됩니다. 의대를 준비하면서 느끼게 되는 불안의 가장 큰 원인은 번아웃 또는 자신감 상실입니다. 의대 입시는 워낙 경쟁이 치열하고 학년이 높아질수록 더욱 경쟁이 치열해지기 때문입니다. 현역 의대생들과 오프라인으로 과외를 받는다면 부모님께 털어놓기 힘든 어려움도 솔직하게 이야기할 수 있고, 멘탈을 관리하는 법에 대한 조언도 들을 수 있습니다.

영재원 입학, 도움이 될까요?

이번에는 많은 학부모님들이 관심을 가지는 영재원에 대해서 이야기해 보려고 합니다. 영재원은 영재교육진흥법에 따라 설립된 학교 외의 교육기관으로, 초등학교와 중학교에 재학 중인 영재 학생을 대상으로 다양한 교육 프로그램을 제공하는 기관입니다. 국내 영재교육원은 크게 대학 부설과 교육청 부설로 나눌 수 있습니다. 대학 부설 영재교육원은 대학이 운영하는 영재교육원으로, 수학, 과학, 컴퓨터 등 특정 분야에 뛰어난 학생들을 대상으로 교육을 제공합니다. 교육청 부설 영재교육원은 교육청이 운영하는 영재교육원으로, 초등학교, 중학교, 고등학교에 걸쳐 다양한 분야의 영재교육을 제공합니다. 영재원은 영재 학생의 잠재력을 개발하고 미래 사회를 이끌어 갈 인재를 양성하는 데 중요한 역할을 하고 있습니다.

초등 단계에서 영재교육 대상자로 선정되기 위해서는 영재교육종합데이터베이스*에 지원하고 평가를 받는 것부터 시작해야 합니다. 그 외에 수학·과학 경시대회에 출전하면서 실력을 평가받고 수학·과학 분야의 영재교육 대상자로 선정되는 것이 일반적인 경로입니다.

영재교육원 입시는 보통 서류 전형과 실기 전형으로 이루어집니다. 서류 전형에서는 교사의 추천과 학교의 추천을 통해 학생의 전반적인 학업 능력과 태도를 평가하고, 실기 전형에서는 시험과 면접을 통해서 학생의 수학, 과학, 컴퓨터 등 특정 분야의 실력을 직접 평가합니다. 평가 요소는 창의적 문제 해결력으로 선행 학습과는 또 다른 차원의 공부인데, 공부의 기초 체력을 쌓아 주는 정도로 이해하면 됩니다.

예전에는 입시가 과열돼 영재원에 입학하기 위해서는 선행 학습이 없으면 풀기 어려운 수준의 지필고사와 소논문 수준의 실험 보고서가 필요했습니다. 그러나 지난 정부 때부터 그런

---

* 영재교육종합데이터베이스(GED, Gifted Education Database): https://ged.kedi.re.kr/index.do

경향은 대폭 축소됐습니다. 지금은 서류평가를 통해 영재성을 감사하는 단계가 있고, 영재교육종합데이터베이스에 공개된 문제로 공부한 뒤 창의적 문제해결력 평가 시험과 면접을 통과해 영재원에 입학하기 때문에 예전처럼 살벌한 사교육 경쟁을 시키지 않아도 됩니다.

영재교육원 문제가 어떻게 바뀌었는지 궁금하신 분들은 영재교육종합데이터베이스 사이트에서 무료로 다운로드할 수 있습니다. 초등학교와 중학교의 교육과정을 벗어나지 않지만 문제 해결을 위해서는 반드시 수학 과학적 사고력을 이용해야 하는 참신한 문제가 출제됨을 아실 수 있을 겁니다.

모집 분야	초등융합			중등융합
	수학심화	과학심화	정보심화	수리정보심화
지원 학년 (지원일 기준)	초등 4,5학년			초등 6학년
모집 인원	40명	60명	20명	20명
사회통합대상자	모집 분야별 정원의 10% 내외			

전형	단계
1차 전형	KEDI 창의적 문제해결력 검사* *실생활 상황에서의 영역별 상황제시 과제에 대해 학생의 다양한 아이디어와 창의적으로 문제를 해결하는 과정 및 결과를 측정할 수 있는 도구
2차 전형	심층 면접

출처: 서울교육대학교 과학영재교육원, 2024학년도 서울교육대학교 과학영재교육원 신입생 모집 요강, 2023

학부모에게 가장 선호되고 있는 서울교육대학교 과학영재교육원의 모집 요강을 예시로 살펴보겠습니다. 선발 과정은 원서 접수를 거쳐 1단계 KEDI 창의적 문제해결력 검사, 2단계 심층 면접으로 진행됩니다. 원서 접수 시에는 입학 원서와 교사 추천서, 그리고 자기소개서를 제출해야 합니다. 이후 창의적 문제해결력 검사와 심층 면접을 실시합니다. 심층 면접이라고 하니 어려워 보일 수 있지만, 절대 초등 이상의 선행을 요구하지 않고 창의성만 갖추면 대답할 수 있는 문제들로 이루어져 있습니다.

입학 후에는 온라인과 오프라인에서 교육이 이루어집니다. 대학교 부설 영재교육원은 해당 대학교의 교수님들이 직접 지도하고, 교육청 부설 영재교육원은 학교 선생님들이 지도를 해주시는 방식으로 운영되고 있습니다. 두 방식 모두 수업과 실험이 고르게 배분된다는 특징이 있습니다.

초등학교, 중학교 학부모들은 영재학교 입시와 연계해서 영재원 진학을 고려하는 경우가 많습니다. 실제 의대 합격생 중에서도 어릴 때 영재원을 경험한 사람들이 상당수입니다. 그 이유는 국내 어느 학교에 가더라도 일반 초등학교, 중학교라면 입시를 준비하거나 선행 학습을 하기 어려운 시스템 때문입니다. 초등학교 1학년 때부터 중학교 1학년 때까지 시험이 없는 무(無)경쟁 학교에서는 치열한 공부 습관을 잡기 어렵습니다.

그래서 많은 학부모가 자녀를 일찍 철들게 하고 일찍 동기부여를 시키자는 차원에서 영재교육원을 선택합니다. 도대체 그 숫자가 얼마나 될까요?

영재교육을 받는 초등학생 수는 2022년 기준으로 37,153명입니다.[*] 37,153명을 각 학년별로 통계화하면 초등학교 1개 학년당 약 6,200명 정도이지요. 이 중에서 수학과 과학, 수·과학 영재들은 63% 정도인데, 계산해 보면 약 3,900명이라는 결론이 나옵니다. 이들 모두가 의대에 진학하는 것은 아니겠지만 전국 의대 선발 모집 인원이 3,058명임을 감안 했을 때 통계적으로 영재교육원 출신들의 의대 합격률이 월등히 높을 것입니다. 물론 대학 입시에 활용되는 생활기록부에 영재교육원 기록을 쓸 수 없을 뿐만 아니라 고등학교 입학 자소서에도 쓸 수 없어, 영재교육원이 의대 및 전국 단위 자사고 입시에 직접적으로 도움이 되지는 않습니다. 그러나 영재교육원 출신으로 의대에 합격한 학생들은 영재교육원에서 교육을 받던 시절을 떠올리며 다음과 같은 장점을 거론했습니다.

우선 영재교육원 입시는 학생들의 지적 능력과 창의력을 계발하는 데 도움이 됩니다. 이러한 능력은 의대 입시에서도 중요한 요소이기에 미리부터 이런 능력을 길러 두는 것이 좋습니다. 지적 능력과 문제해결력이 고등학교 올라와서 갑자기 생기는 것은 아니기 때문입니다.

---

[*]   교육부·한국교육개발원, 2022영재교육통계연보, 2022

또한 영재교육원은 학생들에게 다양한 교육 경험을 제공합니다. 특히 초등학교 때 팀으로 협동하며 실험하고 실험 일지를 썼던 경험은 고등학교 1학년 과학 탐구 실험, 2학년 물리, 화학, 생명과학, 지구과학 과목의 과학 실험, 3학년 고급 실험으로 이어지는 과목에서 분명하게 경쟁 우위를 제공합니다. 게다가 2028학년도 입시부터는 성취도가 아닌 선생님이 작성해 주시는 생활기록부의 과목별 세부 특기사항의 내용이 중요해집니다. 초등부터 과제 연구 및 실험, 실습 등을 진행한 경험은 분명 성공적인 고등학교 생활을 보장해 주는 열쇠가 될 수 있습니다.

수학, 과학, 컴퓨터 등 의대 입시에서 중요한 과목에 대한 기초를 탄탄히 다질 수 있다는 점도 영재교육원의 장점입니다. 영재교육원에서 공부하게 되면 자연스럽게 초등부터 중등, 고등까지 이어지는 과정을 미리 체험하며 과목 전체에 대한 이해도를 높일 수 있습니다.

그리고 또 한 가지 장점은 최근 영재교육원의 커리큘럼이 논리적 사고력, 문제해결력, 창의력 등 의대 입시에서 요구하는 능력과 일치한다는 점입니다. 수능을 통해 문제풀이 능력을 증명한다면, 학생부와 면접에서는 창의적 문제해결력, 논리적 사고력을 증명하는 것이 필요합니다. 영재교육원에서는 다양한 교육을 통해 학생들의 사고력과 창의력을 발전시킵니다. 수학과 과학 그리고 예술을 융합해서 수업을 듣고 실습을 하고 보고서를 쓰는 습관은 초등학교 교육 현장에서는 불가능한 일입니다.

　마지막으로 장점을 들자면 경쟁력을 갖춘 동료를 만나 함께 성장할 수 있다는 점입니다. 영재교육원 때 쌓은 인맥이 고등학교 이후 대학교와 사회에서도 계속 이어지는 경우가 많습니다. 정말 교육에서는 맹모삼천지교가 영원한 대세인지도 모르겠습니다.

Tip! 인터넷 커뮤니티 정보 활용하기

인터넷 카페나 커뮤니티는 의대에 관심이 많은 학부모들로 문정성시를 이룹니다. 사실 대한민국 최상위권의 90%가 이과이고, 그 중에서도 90%가 의대 진학을 희망하는 현실에서 학부모들이 학원 정보나 학원 선택 가이드에 민감한 것은 당연한 일이지요.

대치동 밖의 학부모도 대치동 엄마들의 커뮤니티인 '디스쿨'을 살펴 보면서 좋은 학원과 강사들의 정보를 얻을 필요가 있습니다. 그리고 네이버 카페 '상위 1% 카페'와 '특목고갈사람모여라', '강남 엄마 VS 목동 엄마'도 초·중등 학부모들이 많이 사용하고 있는 정보 사이트입니다. '분당맘모', '용인수지맘모' 사이트도 지역 학부모들이 초·중등 때부터 많이 이용합니다. 이들 사이트에서 의대라고 검색하면 정말 많은 포스팅이 올라와 있음을 알 수 있습니다. 특히 Q&A 게시판을 잘 살펴보면 이미 의대 입시의 길을 걷고 있는 선배 학부모들의 팁과 노하우를 찾아볼 수 있습니다. 그러나 이들 포스팅이 다 도움이 되는 팩트들을 담고 있는 것은 아니니 주의해야 합니다. 실제 이들 커뮤니티는 학원 배너 광고로 수익을 내는 곳입니다. 학원 홍보 글과 진짜 학부모가 쓴 글을 잘 구분해서 내용을 살피는 눈이 필요합니다.

학부모 커뮤니티 말고 수험생들의 커뮤니티도 관심을 가질 만합니다. 네이버 카페 '수만휘'는 고3 수험생의 절반 정도가 사용하는 국내 최대 인기의 수험생 카페입니다. 이곳에서는 의대 준비생들을 위한 게시판이 따로 마련되어 있어 실제로 수많은 질의응답이 이루어집니다. 그리고 해마다 카페를 이용하는 학생들에게 노하우를 공유해 줄 멘토들을 선발하는데, 그중에서는 서울대 의대 수시 전형 합격생 등 의대생들이 많습니다. 물론 그들이 무료로 재능 기부를 하려고 멘토 게시판을 이용하는 것은 아니지만, 합격한 직후 등록할 때까지 동안은 기쁨에 젖어 있어 아무 조건 없이 귀중한 정보를 알려 주는 경우가 많으니 살펴보면 도움을 얻을 수 있습니다.

학부모 커뮤니티는 내 아이에게 필요한 정보보다는 학부모들의 심리를 읽는 곳으로 이용해야 합니다. 물론 자신의 노하우를 적극적으로 올리는 학부모들도 많지만, 자녀의 의대 입학을 준비하는 학부모들은 자신이 찾고 쌓은 고급 정보를 불특정 다수가 이용하는 카페나 커뮤니티에 함부로 올리지 않습니다. 따라서 이들 커뮤니티에서 구할 수 있는 정보의 순도가 그리 높지는 않습니다.

그리고 익명성의 한계도 있습니다. 물론 익명성은 자신의 의견을 자유롭게 개진할 수 있다는 장점이 있지만 정보의 신뢰성 면에서는 확실히 부족합니다. 전문가인 저도 정말 의대를 보낸 학부모가 작성한 글인지 아니면 학원의 상담 실장이 쓴 글인지 구분하기 어려울 때가 있습니다. 하지만 제가 만난 의대 학부모들은 자신의 노하우를 그렇게 쉽게 공개하는 경우는 없었습니다. 자신이 상담을 받은 사실도 절대 비밀로 해 달라는 부모들이 다수입니다.

분명 인터넷 카페나 밴드 커뮤니티도 자녀를 의대에 보내는 데 도움을 줄 수 있는 부분이 존재합니다. 특히 이제 막 의대 입시에 발을 들인 학부모라면 카페를 주기적으로 확인하며 분위기를 살피며 거시적인 가이드를 얻는 것이 큰 도움이 됩니다. 그러나 어떤 것이든 맹목적으로 믿는 것은 위험합니다. 이 정보가 정말 믿을 만한 정보인지, 참고해도 좋을 정보인지 판단하며 인터넷을 활용하는 태도가 필요합니다. 이미 자녀를 의대에 보낸 학부모들은 누구보다 잘 알고 있을지도 모르겠습니다.

4장

중학교와 고등학교
진학 로드맵

아이를 의대에 보내려는 것은 내 자녀가 미래에 사회의 인정을 받으면서 안정적으로 돈을 벌라는 취지이지, 내가 가진 돈을 전부 쏟아 부어 가며 노후 대비를 포기하겠다는 뜻은 아닐 것입니다. 아무리 의대라는 열매가 달콤해도 투자가 너무 크면 선택하기 어렵습니다. 그런데 2023년 이후 펼쳐질 앞으로의 대학 입시 방향을 보면, 꼭 비싼 돈을 들여 자녀를 학군지에 보내야 의대에 합격하는 것은 아니게 되었습니다.

1

중학교, 고등학교 생활

초등학교와 중학교, 고등학교는 다르다

초등학교는 시험이 없습니다. 그리고 성적표도 없습니다. 그 대신 쪽지 시험 형태의 단원평가가 있는데, 이 시험 성적이 개별 통보되지는 않고 담임 선생님이 참조하시는 정도로 활용됩니다. 그리고 영어를 제외한 거의 모든 과목을 담임 선생님이 지도합니다. 아직 나이가 어린 초등학교 학생들은 인성 교육이 중요하기 때문에 선생님과 수업을 일체화시키려는 목적으로 이런 체제를 구상한 것입니다.

　그러나 초등학교와 달리 중학교는 과목별로 각각 다른 선생님이 수업을 합니다. 학생들을 지식 산업 사회에서 살아남을 수 있는 인재로 길러내기 위해 전문적인 과목 교육을 받은 교사가 각 과목을 맡아 가르치는 것이지요. 중학교는 1학년 때 한 학기, 그리고 2학년과 3학년 때는 학기별로 중간고사와 기말고사를 치러 총 열 번의 시험이 있습니다. 중학교 때의 학년 평균 시험 성적은 교육부가 운영하는 학교알리미 사이트*에 공개됩니다.

　교육에 관심 있으신 분들은 학교알리미에 수시로 들어가 관심 있는 학교에 개설된 과목과 시험 성적을 확인하셔야 합니다. 중학교는 원점수에 따라 90% 이상 A, 90% 미만 B, 80% 미만 C, 70% 미만 D, 60% 미만 E 이렇게 5등급으로 나누는 절대평가를 실시하고 있습니다. 내가 열심히 하고 잘하는 만큼 성적을 받을 수 있는 구조이지요. 각 학교별로 성취도 A를 받는 학생의 비율도 천차만별입니다. 전체적으로 학업이 우수한 학교면 과목성취도 A를 받은 학생의 비율이 50%가 넘어가기도 합니다.**

　그러나 고등학교는 다릅니다. 고등학교는 수강 인원에 따라 9등급으로 나누어 상대평가를 실시합니다. 내가 아무리 잘

---

* 　학교알리미: www.schoolinfo.go.kr

** 　이경화, '분당·수지지역 중학교 3학년 학업성취도 A비율', 지역내일, 2021.03.02, https://www.localnaeil.com/News/View/645074

했어도 더 잘하는 아이들이 있거나, 수강 인원이 적어 1등급을 받을 수 있는 학생수가 단 1명이라면 1등급을 받지 못할 수도 있다는 이야기입니다. 따라서 중학교 때 전 과목에서 A를 받았다고 해도 고등학교에서 모든 과목 1등급을 받을 수 있으리란 보장은 없습니다. 전 과목에서 A를 받는 중학생의 비율을 현재 상대평가가 이루어지는 고등학교와 비교해 보면 중학교 때 전 과목에서 A를 받았더라도 일반고에 가면 내 성적은 잘해야 2등급이 됩니다. 따라서 중학교 성적이 좋다고 안심해서는 안 됩니다. 고등학교 내신 성적이 평균 2등급이라면 의대는 커녕 서울 중경외시 라인 이상의 대학들도 가기 어려운 현실이기 때문입니다.

물론 중학교에서 한 학기에 약 30% 정도가 전 과목 A를 받는다고 해서 이들이 중학교 시험 다섯 번에서 전부 전 과목 A를 받는다는 의미는 아닐 것입니다. 대략적으로 계산해 보았을 때 전체 중학생의 10% 정도가 3학기 동안 전 과목 A를 받을 가능성이 높습니다. 하나고, 외대부고, 상산고 등 전국 단위 자사고는 1단계 통과 조건이 국·영·수·사·과 전 과목 A인 경우가 많고, 경쟁률이 낮은 특별한 경우에만 성적에 B가 하나 포함되어도 합격할 수 있습니다. 이 점을 고려하면 한 학교에서 내신으로 10% 안에 들어 전 과목 A를 받는 학생들이 전국 단위 자사고에 지원한다는 걸 알 수 있습니다. 그런데 2028학년도 입시부터는 고등학교 내신이 9등급제가 아닌 5등급제가 되어 상위 10% 학생이 모두 1등급을 받게 됩니다. 즉 중학교 때는 전 과목 A를 받던 학생이 2028학년도 이후 전국 단위 자사고에 진학하게 되면 한 과목 1등급 수준으로 퇴보를 하게 된다는 이야기입니다.

고등학교 1학년 학생들과 진로 관련 상담을 하며 이야기를 들어 보면 특목고, 자사고에는 중학교 내신 성적이 전부 A였던 학생이 너무나 흔합니다. 이런 학생들끼리 모여서 경쟁하는 특목고, 자사고 내신에서는 중학교 내신 성적이 학력평가의 리트머스 시험지가 될 수 없습니다. 중학교 때의 성적과 관련없이 선행을 어느 정도 했는지가 고등학교 내신 성적에 더 큰 영향을 주기도 합니다.

고등학교에 진학했을 때 중학교 때에 비해 가장 성적이 크게 떨어지는 과목은 수학입니다. 우선 학습량이 증가합니다. 중학교에서는 3년 동안 세 권의 수학 교과서로 공부를 하고, 그 내용도 여유가 있는 편입니다. 그러나 고등학교에서는 3년 동안 다섯 권의 수학 교과서를 공부해야 하고, 중학교 때 배웠던 내용에 더해 새로 추가되는 개념이 적지 않습니다. 또한 단원별로 다루는 내용이 복잡해지고 개념과 개념 간의 연관성이 높아집니다. 사고력과 응용력이 요구되는 것도 중학교 수학과의 차이점입니다. 중학교 수학은 주로 암기와 계산 위주의 문제로 출제되는 반면, 고등학교 수학은 사고력과 응용력을 요구하는 문제가 많습니다. 예를 들어 고등학교 수학에서는 함수의 그래프를 그려서 함수의 성질을 이해하는 문제, 방정식의 해를 찾는 방법을 여러 가지로 생각해 보는 문제 등이 출제됩니다. 수학 문제의 언어 수준도 높아집니다. 중학교 수학에서는 문제의 내용을 이해하기 어려운 경우는 거의 없습니다. 하지만 고등학교 수학에서는 수학적 언어를 잘 알고 있지 않으면 문제의 의미를 파악하기 어려운 경우가 많습니다. 예를 들어 고등학교 수학에서는 증명을 통해 수학적 정리를 이해해야 하는 문제가 출제됩니다. 단순히 공식을 암기한 뒤 문제에 적용해서 푸는 방식은 고등학교에서 통하지 않습니다.

이런 점을 살펴보면 중학교 3학년 수학에 비해 고등학교 1학년 수학의 난이도가 높아지는 것은 맞습니다. 그러나 고등학교에 올라가서 우리 아이의 수학 성적이 떨어지는 이유는 고등학교 1학년 수학의 난이도가 터무니없이 높아졌다기보다, 대부분의 상위권 학생이 중학교 때 고등학교 수학을 선행하여 좋은 등급을 선점했기 때문입니다. 고등학교 1학년 수학의 학습량은 중학교 3학년 학습량의 거의 2배입니다. 개념을 제대로 이해하지 못하는 상황에서 문제풀이만 늘려서는 절대 내신 1등급을 받을 수 없습니다. 최상위권 학생들은 선행 학습을 통해 개념을 좀 더 확실하게 이해한 데다가 문제풀이 능력도 향상시켰기 때문에 좋은 성적을 받게 되는 것입니다.

학생들이 고등학교 입학 후 수학 다음으로 어려워하는 과목은 국어입니다. 고등학교 국어는 교과서 바깥에서 지문이 나오는 경우가 허다합니다. 모의고사뿐 아니라 일부 학군지 학교, 특목고, 자사고 등에서는 아예 1학년부터 교과서 바깥에서 외부 지문을 골라 학생들이 배운 부분과 연결해 문제를 내기도 합니다. 학생들은 당황할 수밖에 없습니다. 국어 시간에 노트 필기 잘하고 암기를 잘한다고 해서 좋은 점수를 얻는 것이 아니기 때문입니다. 어떤 지문이 나올지 모르는 상황에서는 선행으로 이 문제를 대비할 수 없습니다. 독해력과 문해력이 필요한 상황입니다.

따라서 국어 선행을 하려면 지문을 외워서 풀거나 사회 과목처럼 기존의 배경 지식을 이용해 푸는 방식이 아니라 지문과 문제에서 요구하는 것, 즉 출제자의 의도를 정확히 파악하는 능력, 빠르게 전체 지문을 읽어 내는 능력, 문장과 문장을 읽으면서 앞뒤를 연결해 추론하는 능력을 키우는 방향으로 공부해야 합니다. 가장 좋은 방법은 중학교 3학년 겨울 방학 때 고등학교 1학년이 3월에 치르는 교육청 모의고사 국어 문제를 집중적으로 풀어 보는 방법입니다. 방학 때부터 시작해도 고등학교에 올라가서 첫 모의고사를 보기 전까지 최소 10년 치는 풀어 볼 수 있습니다. 수능 국어가 어떤 시험인지 미리 알 수도 있고, 지문과 문제를 함께 읽는 습관을 형성하는 과정에서 부족한 독서 시간을 확보하며 독서력도 키울 수 있겠지요.

중학교가 꽃길이라면 고등학교는 가시밭길입니다. 고등학교는 매 순간마다 평가받고, 한 번의 시험 점수로 의과대학에 갈 수 있는지 없는지가 결정되는 무시무시한 곳입니다. 내 앞에 얼마나 험준한 산이 놓여 있는지를 중학교 때 미리 깨닫고 고등학교 생활에 목표 의식을 갖고 도전적으로 임하는 태도가 필요합니다.

중·고등학교의 수행평가 대비법

현재 대부분의 고등학교 내신평가의 20% 정도는 수행평가가 차지하고 있습니다. 2025학년도부터 고교학점제가 실시되고 2028학년도부터 새로운 수능 체계가 도입된다면 수행평가는 더욱 강화될 전망입니다.

수행평가가 대세로 자리 잡은 것은 현재 치르고 있는 수능 체계가 도입된 2015 교육과정 이후부터입니다. 2015 교육과정에서는 이전과는 달리 지식과 기술, 태도 등을 종합적으로 평가하는 성취기준을 제시하였으며, 학습 내용과 방법, 평가와 지도 등 교육과정의 전반적인 부분이 변화했습니다. 그 변화의 핵심이 과정 중심 평가입니다.

종합적인 평가와 과정 중심의 평가는 무슨 말일까요? 과정 중심 평가는 교육과정 성취기준에 기반한 평가 계획에 따라 교수·학습과정에서 학생의 변화와 성장에 대한 자료를 다각도로 수집하여 적절한 피드백을 제공하는 평가입니다.[*] 성취기준에 기반한 평가는 교과목별 성취기준에 도달한 정도를 파악하는 평가이므로 교육과정에서 목표로 하는 지식과 기술, 태도 등의 핵심 요소 등을 명확하게 정의하고, 학생들이 이러한 목표를 달성하였는지 평가합니다. 일반적으로 학생의 능력, 지식, 기술 등을 측정하는 데에 다양한 방법을 사용하며 대개 학생들의 포트폴리오, 프로젝트, 시험, 문제 해결 활동, 평가자의 관찰 등으로 구성됩니다.

지금 이 책을 읽는 학부모님들 중에서도 자녀가 중학생 이상이라면 현재 학교에서 프로젝트, 포트폴리오, 문제 해결 활동 그리고 평가자의 관찰 등으로 평가 받고 있을 겁니다. 고등학교에서도 수행평가는 중요합니다. 고등학교 2학년부터 듣게 되는 진로 선택 과목은 성취도에 따라 A, B, C 3단계로 절대평가를 실시합니다. 그 중에 수학 과제 탐구, 사회 문제 탐구, 경제 수학과 같은 여러 과목들은 100% 수행평가로 대체되는 경우가 많습니다. 이게 바로 학생에 대한 종합적인 평가이고 과정 중심의 평가입니다.

---

[*] 교육부·한국교육과정평가원, 2023학년도 학생평가의 이해, 2023

의대를 희망하는 최상위권 학생들은 이런 과정 중심 수행 평가에 어떤 필살기가 있을까요? 몇 가지 특징이 있습니다.

첫 번째는 수행평가 기준을 꼼꼼히 읽는 것입니다. 사실 의 대에 가려는 학생뿐만 아니라 모든 상위권 학생들이 극강의 내신을 따는 이유는 평가 기준을 꼼꼼히 읽고 이에 맞추어 모든 시험을 준비했기 때문입니다.

두 번째는 자료 찾기에 많은 시간을 투자하는 것입니다. 이 들은 수행평가를 챗GPT에게 맡겨 놓고 그 시간에 내신 공부 를 하는 것이 아니라, 수행평가 주제가 내 학생부 세부 특기사 항의 내용을 결정한다고 생각하고 최선을 다해 자료를 찾습니 다. 필요할 때는 챗GPT와 바드를 활용한 뒤 책으로 검증하기 도 하지요. 이처럼 성실하게 자료를 찾고 준비해야 합니다. 수 행평가의 결과물은 창의성도 중요하지만, 기본적인 성실성에 서 차이가 나는 경우도 많습니다.

세 번째는 항상 자신의 진로를 생각하면서 수행평가에 임 한다는 것입니다. 발표 수행평가를 하게 되는 경우, 자신의 꿈 이나 진로 관심사를 표현하도록 하는 평가가 종종 있습니다. 그럴 때 의대에 가려는 최상위권 학생들은 이 수행평가 과제 에 자신의 진로와 미래를 최대한 구체적으로 담으려고 노력합 니다. 진로가 확실할수록 수행평가에 강할 가능성이 높습니다.

통합사회와 통합과학, 두려워할 필요 없다

중학교 2학년 자녀를 둔 학부모들 사이에는 통합사회에 대한 불안을 넘어 공포 심리가 만연합니다. 이 틈을 타 그동안 수학과 과학탐구에 밀려 사교육에서 완전히 소외되었던 사회 강사들이 이렇게 외칩니다. "수학 선행의 시대는 끝났다. 이제는 통합사회 세상이다."

사교육 시장에서 압도적으로 다수인 이과 상위권들은 사회는 거의 무시한 채 수학과 과학 선행에만 돈을 써 왔습니다. 그러나 통합사회는 워낙 광범위하고 외울 것이 많아 고등학교 1학년 때 시작해서는 늦다는 주장과 사회도 선행이 필요하다는 주장에 힘이 실리면서 학부모님들도 흔들리고 있습니다. 정말 사회도 선행이 필요할까요?

통합사회는 경제, 정치와 법, 지리 그리고 윤리까지 모든 사회 영역을 넘나드는 주제 통합 수업에 가깝습니다. 일부는 통합사회가 어렵게 출제될 경우 60점이 합격선일 정도로 어려운 공인중개사 시험처럼 될 수도 있다고 말합니다. 하지만 통합사회 문제를 주관식으로 바꾸어 보면 사실 전형적인 문과 논술과 유사합니다. 크게 어려운 점이 없다는 이야기입니다.

다만 학생들이 어려워하고 기피하는 경향이 있는 경제와 정치 과목에서 문제가 많이 나오면 학생들이 어려움을 느끼기 쉽습니다. 특히 초등학교 때부터 수학 선행에 매달려 책 읽기를 게을리했던 학생들은 많이 걱정될 수 있습니다. 하지만 그럼에도 저는 통합사회의 난이도가 기존 사회탐구보다 쉬워질 것이라고 예상합니다. 실제 고등학교 1학년이 치르는 통합사회 모의고사 문제를 풀어 보시면 아실 것입니다.

5. 행복의 기준에 대한 강연자의 입장으로 가장 적절한 것은?

21세기에도 먹을 것이 부족한 지역에서는 음식을 얻으면 행복을 느낄 것이고, 민주주의가 실현되지 않은 국가에서는 정치적 자유를 누릴 때 행복을 느낄 것입니다. 또한 전쟁이 발생한 지역에서는 평화가 행복의 기준이 될 수 있습니다.

① 행복의 기준은 자신이 처해 있는 환경과 무관하다.
② 모든 사람에게 행복의 기준은 획일적으로 적용된다.
③ 지역 여건에 따라 행복의 기준은 다양하게 나타난다.
④ 시대적 상황과 무관하게 행복의 객관적 기준은 동일하다.
⑤ 진정한 행복은 현세(現世)가 아닌 내세(來世)에서 실현된다.

출처: 한국교육과정평가원, 2023년 6월 고1 전국연합학력평가, 2023

이 강연자가 누군지 몰라도, 보기만 읽으면 답이 3번임을 알 수 있습니다. 2점짜리 문제라 쉬워서 그럴 수 있을까요? 어려운 3점짜리 문제도 살펴보겠습니다.

7. 다음은 인권 확장의 역사적 전개 과정에서 발표된 문서의 일부이다. 이에 대한 옳은 설명만을 <보기>에서 고른 것은? [3점]

(가) 권리 장전(1689년)
1. '국왕은 의회의 동의 없이 법의 효력을 정지하거나 법의 집행을 정지할 수 있는 권력이 있다.'는 주장은 위법이다.
4. 국왕의 대권을 구실로 의회의 승인 없이…(중략)…국왕이 쓰기 위한 금전을 징수하는 것은 위법이다.

(나) 인간과 시민의 권리 선언 (1789년)
제1조 인간은 자유롭게, 그리고 평등한 권리를 가지고 태어난다.
제2조 모든 정치적 결사의 목적은 인간의 자연적이고 침해할 수 없는 권리를 보존하는 데 있다.
제3조 모든 주권 원칙은 국민에게 있다.

<보 기>
ㄱ. (가)는 사회권이 명시된 최초의 문서이다.
ㄴ. (나)는 천부 인권과 국민 주권의 원리를 반영하고 있다.
ㄷ. (가)와 (나)는 모두 계몽사상의 영향을 받았다.
ㄹ. (가)는 (나)와 달리 사회 계약설을 근거로 하고 있다.

① ㄱ, ㄴ ② ㄱ, ㄷ ③ ㄴ, ㄷ ④ ㄴ, ㄹ ⑤ ㄷ, ㄹ

출처: 한국교육과정평가원, 2023년 6월 고1 전국연합학력평가, 2023

이 문제 역시 특별한 지식이 필요하지 않습니다. 공부를 했다면 보기만 봐도 답이 3번인 것을 알 수 있습니다. 이런 정도의 지식을 가지고 문제를 어렵게 만들려면 언어에서 꼬아 낼 수밖에 없는데, 그렇게 되면 사회 과목이 아닌 국어 비문학 킬러 문제가 되기 때문에 난이도를 올리기에는 한계가 있습니다. 따라서 통합사회는 성실하게 공부만 한다면 크게 걱정할 필요가 없습니다. 통합사회를 걱정해 사회 선행을 시작하기보다, 통합사회 교과서를 미리 구해 읽어 보면서 신문도 함께 읽는다면 의대 MMI 면접 준비에도 도움이 될 것입니다.

통합과학은 어떨까요? 많은 입시 전문가들이 예측하는 것처럼 통합과학으로 수능을 치르면 변별력이 줄어들어 학생들이 수학과 국어에 더 많이 투자하게 될까요? 의대 준비생들은 고3 때 입시 대비를 위해 양자역학과 유전자 가위를 공부하면서도 동시에 수능을 대비하기 위해 고등학교 1학년 때 배운 통합과학을 공부해야 합니다. 쉬운 내용이지만 오히려 다 까먹은 지식들이라 더 어려울 수 있다는 의견도 있습니다. 통합과학도 고등학교 1학년이 치르는 모의고사 문제를 살펴보겠습니다.

19. 다음은 나트륨Na의 성질을 알아보기 위한 실험이다.

[실험 과정 및 결과]
(가) 물기가 없는 유리판에 Na을 올려놓고 칼로 자른 후 단면을 살펴보았더니, 은백색 광택이 곧 사라졌다.
(나) 물이 들어 있는 비커에 쌀알 크기의 Na을 넣었더니, 격렬하게 반응하였다.
(다) (나)의 비커에 들어 있는 ㉠ 수용액에 페놀프탈레인 용액 2 ~ 3 방울을 떨어뜨렸더니, 붉은색으로 변하였다.

이에 대한 설명으로 옳은 것만을 [보기]에서 있는 대로 고른 것은? [3점]

[보 기]

ㄱ. Na은 공기 중의 산소와 반응한다.
ㄴ. Na은 물에 닿지 않도록 보관해야 한다.
ㄷ. ㉠은 산성이다.

① ㄱ ② ㄷ ③ ㄱ, ㄴ ④ ㄴ, ㄷ ⑤ ㄱ, ㄴ, ㄷ

출처: 한국교육과정평가원, 2023년 6월 고1 전국연합학력평가, 2023

답은 3번이었습니다. 광택이 사라졌다는 뜻은 산소와 반응했다는 뜻이고 물에 닿으면 격렬히 반응했다는 점에서 이 문제 역시 그리 어려워 보이지 않습니다. 문과 출신으로 실제 수능 과탐 문제에는 손도 못 대는 제가 보기에도 어려워 보이지 않는다면, 통합과학의 난이도 역시 쉬워질 것으로 예상됩니다.

의대에서 과학이 수학보다 더 중요하다고 판단한다면, 입시 과정에서 과학 논술과 과학 면접을 신설하거나 강화할 것입니다. 학생부 교과 전형에서도 과학 제시문을 이용한 심층 면접을 치르거나 일반 면접에서도 교수들이 즉석에서 2, 3학년 때 배운 과학 지식들을 물어볼 가능성이 있습니다.

물리와 화학을 초등학교, 중학교 때부터 선행하던 학생들에게 쉬운 난이도의 통합과학은 갑자기 등장한 복병입니다. 기존 수능의 물리, 화학에서 성적이 잘 나온다고 통합과학도 1등급이 나올 것이라는 보장은 없습니다. 따라서 중학교 때 고등 물리, 고등 화학을 끝내는 선행은 영재학교, 과학고나 과학중점학교 지원자가 아니면 득보다 실이 많을 수 있는 선택입니다. 무조건 심화된 내용을 학습하기보다 기초 지식과 심화 지식을 함께 연결짓고 물리와 화학 과목의 연계를 이해할 수 있는 공부가 필요합니다.

수능이 이러하다면 실제 학교 내신 문제는 어떨까요? 다음은 미래엔 교과서에 실린 통합과학 교과서 문제입니다.

빅뱅 우주론에서 주장하는 내용으로 옳지 않은 것은?

① 우주는 지금도 계속 팽창하고 있다.
② 빅뱅 직후 우주는 지금보다 훨씬 뜨거웠다.
③ 현재 우주를 구성하고 있는 물질은 빅뱅 직후에 모두 만들어졌다.
④ 빅뱅 이후 초기 우주에서 쿼크, 전자 등과 같은 기본 입자가 생겨났다.
⑤ 모든 물질과 에너지가 모인 한 점에서 대폭발이 일어나 우주가 시작되었다.

출처: 김성진 외 14명 저, 《통합과학》, 미래엔, 2015 개정 교육과정

3번이 답인 걸 금방 맞히실 수 있습니다. 즉 시간이 한참 지나 대학들이 무시무시한 과학 심층 면접을 예고하지 않는 이상, 초등 때부터 통합사회나 통합과학을 끝내라는 주장은 과장이라고 생각합니다.

중학교 1학년, 2학년 자녀를 둔 학부모님들 중 영재학교, 과

학고 대신 일반고를 보내고 싶은 학부모들은 해냄 출판사에서 시리즈로 나온《통합사회 교과서와 함께 읽기》*와《통합과학 교과서 뛰어넘기》**를 읽어 보시고 자녀에게 권하셔도 좋습니다. 이 정도가 최선입니다. 학원들의 불안 마케팅 때문에 시간과 돈을 더 투자하는 것은 옳지 않습니다.

고교학점제 대비하기

말도 많고 탈도 많던 고교학점제가 2025학년도 고등학교 입학생부터 적용되도록 확정됐습니다. 고교학점제는 세 가지의 다른 말입니다. 무학년제, 무담임제, 그리고 절대평가입니다. 이미 미국, 핀란드 등 고교학점제를 시행 중인 나라들은 모두 절대평가 방식을 채택하고 있습니다. 내가 하고 싶어서, 대학에 갈 때 필요한 과목이어서 선택하는데 성적이 등급으로 평가된다면 고교학점제의 취지가 무색해지기 때문입니다. 고교학점제는 같은 반이면 모두 똑같은 시간표로 수업하던 한국 학교에서는 혁명적인 변화입니다.

고교학점제가 무엇인지 알려면 고교학점제를 미리 도입한 연구학교나 시범학교의 프로그램을 살펴보는 것이 좋습니다.

---

* 　구정화,《통합사회 교과서와 함께 읽기》, 해냄출판사, 2018
** 　신영준 외 4인,《통합과학 교과서 뛰어넘기》, 해냄출판사, 2020

전국의 고교학점제 연구학교 중 하나인 광진구 소재 동국대학교 사범대학 부속 여자고등학교는 1, 2학년을 대상으로 하루 동안 고교학점제라는 제도를 이해하고, 이 제도를 나의 진로에 맞게 잘 활용할 수 있도록 교사와 함께 학업계획서를 작성해보는 고교학점제 진로캠프를 운영합니다. 결국 고교학점제는 1학년 때 자신의 진로와 적성을 발견하고 2학년 때부터 그 적성에 맞는 과목들을 골라 들은 뒤, 그렇게 자신의 진로와 적성이 반영된 생활기록부를 3학년 때 대입 수시 학생부 전형에 제출하면 되는 구조이지요. 예를 들어 1학년 때 학교에서 진행한 진로 로드맵 컨설팅 결과 컴퓨터공학과가 적성에 맞는다고 나오면, 이 학생은 1학년 때 인공지능의 기초라는 수업을 듣고 2학년 때는 프로그래밍, 3학년 때는 인공지능 수학을 들으면 됩니다. 고교학점제를 시행하면 이와 같이 자신의 진로와 연결한 수업 편성으로 학교 생활을 할 수 있다는 큰 장점이 있기 때문에 정부도 고교학점제를 적극적으로 추진하고 있습니다.

그런데 학생들이 취지대로 잘 활용하면 좋겠지만, 그렇지 않을 수도 있습니다. 수능 과목만 선택해서 듣는 학생의 경우입니다. 물론 수능 시험 문제가 진로 선택 과목에서 나오지는 않습니다. 그러나 수능과 관련된 내용이 많은 강의식 수업 위주의 과목만 수강하거나, 학생들에게 수행평가만 시키고 수업 시간에는 수능 준비를 할 수 있는 과목들을 들으면서 수능에만 집중하려는 일부 학생들도 존재할 것입니다. 고교학점제를 통해서 학생들이 진로를 위해 자신의 선택 과목을 설계할 수도 있지만, 진로가 아닌 수능에 유리한 과목으로만 과목 설계를 할 경우 막을 재간이 없다는 이야기입니다.

　이런 케이스를 걸러내기 위해 대학들은 학생부를 통해 이 학생이 정말 진로 선택을 제대로 했는지, 고등학교에서 진로 선택 과목이 제대로 이루어졌는지를 알아보고자 할 것입니다. 방법은 간단합니다. 같은 학교 학생들의 학생부를 모아서 비교했을 때 세부 특기사항란이 모두 비슷비슷한 내용으로 채워져 있다면 고교학점제 취지에 맞지 않는 경우입니다. 반면 같은 학교의 학생들이라도 개별 학생들의 진로와 적성이 잘 드러난 차별화된 생활기록부를 써 주는 학교는 제대로 된 고교학점제 학교라고 인정할 것입니다. 이런 학교들은 일반고보다는 전국 단위 자사고에 더 많습니다. 그래서 고교학점제는 일반고보다는 자사고, 특목고에 유리한 제도라는 인식이 보편적입니다. 물론 고교학점제에서는 나의 진로를 잘 설계하기 위해 우리 학교에 개설되지 않은 과목을 듣고 싶을 때, 그 과목을 진행하는 근처 학교로 이동해 수업을 받고 그 학교 선생님이 세특을 대신 써 주는 일도 가능합니다. 그러나 그 학교까지 오고 가는 기회비용까지 생각하면 타 학교에 가서 수업을 듣는 일은 말처럼 쉬운 게 아닙니다.

따라서 고교학점제는 고교 간의 서열을 강화할 가능성이 높습니다. 만일 자사고나 특목고에 진학하기 어렵고 일반고를 선택해야 하는 상황이라면, 그래도 2~3년간 시범적으로 고교학점제를 시행해 온 고교학점제 시범학교를 선택하는 것이 좋습니다. 고교학점제 공식 사이트*에 들어가 보면 전국 각지에서 시범 운영 중인 학교 목록을 확인할 수 있습니다. 연구학교에 준비학교까지 포함하면 그 수가 상당하니, 이왕이면 이들 학교를 고르시는 것도 한 가지 전략이 될 수 있습니다.

　　2025학년도 고등학교 입학생은 입학 전까지 인근 학교 홈페이지에 접속해 해당 학교 개설 과목을 모두 확인할 필요가 있습니다. 그리고 필요하면 해당 학교 홈페이지에 올려진 교사들의 학업계획서도 봐야 합니다. 무엇을 가르치고, 무엇을 배우며, 무엇을 평가하는지 확인해서 이 학교가 고교학점제를 제대로 실천할 능력이 있는지 파악하고 지원하는 것이 좋습니다.

＊　고교학점제 홈페이지: https://www.hscredit.kr

2

중학교 선택하기

중학교는 의무교육이기 때문에 학교를 자유롭게 선택할 수 있는 상황은 아닙니다. 그럼에도 선택할 수 있는 중학교가 있는데 바로 국제중학교입니다. 국제중학교는 서울의 대원 국제중학교와 영훈 국제중학교, 경기도의 청심 국제중학교, 부산의 부산국제중학교 그리고 2018년 신설된 경상남도 진주의 선인 국제중학교 총 다섯 곳이 있습니다. 예전의 국제중은 선발고사가 있었으나, 지금은 모든 학교가 추첨으로 선발됩니다. 다만 청심국제중은 추첨으로 2배수를 선발하고, 이후 자기소개서를 바탕으로 면접을 진행해 선발한다는 차이가 있습니다. 여기서 청심국제중은 전국 단위로 지원이 가능하지만 서울의 두 국제중은 서울 거주자만, 부산국제중은 부산 거주자만, 선인국제중은 경상남도 거주자만 지원할 수 있습니다.

설명회 때마다 국제중에 진학하는 것이 의대에 진학하는 데 유리하냐는 질문을 받습니다. 예전에는 서울대 의대에서 청심국제중을 나와 청심국제고를 졸업한 학생을 선발하는 경우가 있었습니다. 그러나 요즘은 그런 경우가 거의 없습니다. 물론 국제중에서 전 과목 A를 받아 외고나 자사고에 진학해 의대를 노리는 방법도 있지만, 국제중 자체가 의대 입시에 유리한지 불리한지에 대해서는 판단 자체가 불가능하다고 말하는 것이 솔직한 대답입니다. 하지만 유리함도 적지 않습니다. 국제중에서는 영어 수업을 하고, 발표 수업, 보고서 수업도 많이 진행합니다. 자연과학 분야의 주제로 발표를 하고 보고서를 쓰면 나중에 전국 단위 자사고나 영재학교에 갈 때 유리합니다. 토론 수업은 의대 입시의 마지막 관문인 MMI 면접 때도 도움이 되겠지요.

국제중 외에도 의대 진학을 위해 생각할 수 있는 중학교 진학은 전국 각지에 존재하는 삼육중학교 선발 시험을 치르고 입학하는 것입니다. 삼육중학교는 제칠일안식일예수재림교회에서 운영하고 있는 학교법인 삼육학원 소속의 사립 중학교입니다. 삼육중학교는 입학 시험을 대비하는 학원이 있을 정도로 우수한 학생들이 모여 있는 학교이니 이 학교에 입학한다면 중학교 때부터 뛰어난 역량을 가진 학생들과 함께하며 경쟁에 노출될 수 있다는 장점이 있습니다.

그 밖의 경우 중학교는 무조건 근거지 배정입니다. 자신이 살고 있는 지역에서 어느 중학교에 배치될지는 학구도안내서비스 사이트*에서 확인하실 수 있습니다. 학구도안내서비스를 통해 우리 아이가 진학하게 될 학교를 확인한 뒤, 이들 중학교를 학교알리미 사이트에서 검색해 세 가지를 체크해 보세요. 학교에서 학생들에게 얼마나 많은 책을 제공하는지 또 학생들은 얼마나 책을 많이 빌려 보는지의 여부입니다. 수학을 중심으로 학교 시험 성적도 확인해야 합니다. 전국 단위 자사고나 특목고는 학생을 선발할 때 내신을 평가하기 때문에 가급적이면 시험이 어렵지 않게 나오는 학교를 고르는 게 유리합니다.

---

* 학구도안내서비스: https://schoolzone.emac.kr

고등학교 선택하기

　중학교와 달리 고등학교는 다양한 선택지가 존재합니다. 그래서 고등학교 원서를 쓸 시기에 학생과 학부모의 머리가 복잡해지곤 하지요. 미리 정보를 파악하고 있지 않으면 고등학교 진학 시 어려움을 겪을 수 있습니다.

　다음 표는 대한민국의 고등학교의 종류와 장단점에 대해 설명한 표입니다. 여기에 더해 특성화고와 마이스터고가 있지만 의대 진학과는 무관하기 때문에 제외하였습니다.

학교 유형			특징	장점	단점
일반고등학교			추첨으로 아무 제한 없이 누구나 들어갈 수 있는 학교 *비평준화 지역은 중학교 내신 성적 순서로 합격 결정	다양한 수준의 아이들이 모두 모여 있어 내신 따기가 유리함	학교에서 생활기록부 관리를 해 주지 않기 때문에 학생부 종합 전형에 취약하고 수능 대비에 불리함
자율형 고등 학교	공립고		공립 자율형 고등학교. 이 중 10개교는 전국 단위로 선발	특목고, 자사고 못지않은 학교 프로그램과 면학 분위기	인원이 적어 상대평가 내신에서 불리함
	사립고	전국단위	- 전국에서 학생을 선발하는 자율형 사립고 - 내신 성적과 면접으로 선발권을 가짐	의대에 특화된 학교 프로그램	내신 따기가 어렵고, 일부는 내신에 많은 신경을 써야 해서 수능 대비가 어려움
		시도단위	광역시와 도 차원에서 학생 선발권이 있지만, 별도의 시험은 없이 추첨 후 면접	수능 준비에 최적화	학생부 종합 전형 준비가 안 되는 점
특목고			외고, 국제고, 과학고, 예술고와 같은 특수목적 고등학교	학교 프로그램이 우수하나 외고와 국제고는 문과로만 진학이 가능함	과학고는 수시로 의대를 갈 수도 있지만 수능 대비가 어려움
영재학교			영재교육법에 의해 설립된 전국의 8개 영재학교와 2곳의 예술과학영재학교	우수한 학생과 학교 프로그램으로 의대가 수시에서 가장 선호함	영재학교 출신의 의대 진학에 부정적인 여론

고등학교를 선택할 때 살펴야 할 세 가지

우리 아이가 의대로 향하는 과정을 잘 뒷받침해 주려면 학부모는 첫 번째로 입시를 공부하고, 두 번째로 동기부여 전문가가 된 뒤, 세 번째로 공부법 책을 읽어 최소한 좋은 강사와 좋은 시스템을 고를 수 있는 눈을 키워야 합니다. 마지막으로 고등학교에 대한 공부를 해야 합니다. 고등학교에 대해 공부를 할 때는 많은 학생을 의대에 보내는 학교들의 전략을 파악하고, 가능하다면 그 학교 학생 중에 의대에 합격한 학생의 생활기록부를 살펴보는 것이 좋습니다.

물론 의대 입학생의 생활기록부를 구하기는 대단히 어렵습니다. 그러나 자신이 지망하는 학교 학생의 생활기록부, 그 중에서 학생부 종합 전형으로 의대에 합격한 학생의 생활기록부를 미리 볼 수만 있다면 그 학교가 어떤 학교인지 단박에 파악이 가능하기 때문에 큰 도움이 됩니다. 만일 주변에 의대에 합격한 지인이 있다면, 허락을 받고 참고해 보세요. 만일 졸업생의 생활기록부를 참고할 수 없더라도 고등학교에 대한 정보를 파악할 때는 다음과 같은 사항을 살펴야 합니다.

첫 번째는 학교 동아리입니다. 학교에 의대를 위한 동아리가 있다면 의대 합격생들은 주로 그 동아리 출신인 데다가, 그런 동아리는 외고나 국제고가 아닌 이상 그 학교를 대표하는 동아리인 경우가 많습니다. 만약 그런 동아리가 있다면 반드시 들어가세요. 고등학교 입학 직후 그 동아리에 들어가기 위한 면접 준비도 하는 것이 좋습니다.

물론 의대생만을 위한 동아리가 따로 없는 경우도 많습니다. 많은 일반계 고교가 그러합니다. 그럴 때는 생명과학 동아리나 화학 동아리, 혹은 과학 심화 동아리가 있는지를 따지는 게 좋습니다. 일단은 동아리부터 봐야 합니다.

두 번째는 진로 활동입니다. 생활기록부의 진로 활동란에는 학생이 개인적으로 만난 의사나 대학 교수는 적을 수 없고, 학교라는 공간 안에서 이루어진 활동과 만남만 기록이 가능합니다. 그런데 만일 생활기록부 진로 활동란에 의사가 등장하거나 의대 교수가 등장한다면 학교에서 의사와의 만남, 의대 교수와의 만남을 주최했다는 의미가 됩니다. 이런 학교는 의대를 갈 최상위권 학생을 무척이나 챙기는 학교일 수 있습니다.

세 번째는 수학과 과학 과목의 세부 특기사항입니다. 세부 특기사항에 쓰여진 내용은 과목에 대한 내용이기 때문에 사실 과목 전공자가 아니면 이해하기 어렵습니다. 그러나 일반 학부모도 '이 학생은 수업 중에 집중력이 뛰어나다.'라는 식으로 누구에게나 할 수 있는 평범한 칭찬을 써 주는 학교인지, 구체적으로 이 학생이 관심을 가진 주제는 무엇이며 그 주제를 탐구하기 위해 어떤 노력을 했는지를 써 주는 학교인지 정도는 구분할 수 있습니다. 당연하게도 후자의 학생부가 입시에 훨씬 도움이 되니, 그런 학교를 지원하도록 노력하는 것이 좋습니다.

영재학교에서 의대 가기

초·중등 학부모 중에서는 의대를 목표로 하면서 고등학교는 영재학교를 보내는 게 좋겠다고 생각하는 학부모들이 많습니다. 물론 특정 영재학교의 의대 진학률은 상당한 수준입니다. 그러나 전체 영재학교를 통틀어 본다면 영재학교의 의대 합격률은 생각보다 높지 않습니다.

최근 3년간 영재학교에서 의대에 진학한 학생의 수를 살펴보면 부산의 한국과학영재학교와 광주의 광주과학고등학교는 학교 차원에서 의대 진학을 막고 있어 의대 합격자가 사실상 0명입니다. 그나마 영재학교 중에 가장 인기가 많은 서울과학고등학교와 경기과학고등학교가 많은 의대 합격자를 배출하고 있습니다.

저는 해마다 서울과학고등학교 학생의 의대 지원 상담을 해 와서 잘 알고 있습니다. 표를 살펴보면 2022학년도 입시를 치른 서울과학고등학교 학생들 중 24명이 수시로 의대에 합격했습니다. 이 학생들이 합격한 대학교들은 서울대, 연세대, 고

학교명	'20학년도		'21학년도		'22학년도			
					수시		정시	
	지원	진학	지원	진학	지원	진학	지원	진학
한국과학영재학교	0	0	0	0	1	0	0	0
광주과학고등학교	4	2	7	5	1	1	0	0
서울과학고등학교	45	30	42	24	46	24	8	5
경기과학고등학교	29	13	22	14	24	12	1	1
대구과학고등학교	18	7	30	10	35	11	8	4
대전과학고등학교	6	6	13	10	18	16	0	0
세종과학예술영재학교	4	4	12	8	10	7	0	0
인천과학예술영재학교	0	0	10	2	12	2	0	0
합계	106	62	136	73	147	73	17	10

최근 3년간 영재학교별 의약학 계열 지원자 및 합격자 현황 (단위: 명)
※ '22학년도: '23. 2월 졸업
출처: 더불어민주당 강득구 의원실, '2020~2023학년도 정시모집 의대 신입생 선발 결과' 분석자료, 2023

려대, 성균관대, 한양대 등입니다. 수시로 의대에 가는 학생이 20명이 넘는 학교는 서울과학고 외에는 없습니다. 전국 단위 자사고인 외대부고나 민사고, 하나고도 불가능한 수치입니다. 정시로 의대에 붙은 5명도 최상위권 의대에 진학한 것으로 알려져 있습니다. 여기에 정시로 의대에 간 재수생 이상의 비율을 추가하면 정말 대단한 합격률입니다.

수치에서 알 수 있듯 서울과학고 전체 정원 120명 중 내신 상위권 학생은 모두 의대에 진학하고 있습니다. 물론 과학 영재들이 이공계 인재 육성이라는 취지에 맞지 않게 의약학 계열로 진학하는 것에 대한 부정적인 여론이 많습니다. 서울과학고등학교 내부에서도 교장 선생님을 비롯하여 선생님들까지 의대 지원을 강력하게 반대하고 있습니다. 또 정부에서도 인재들의 의대 쏠림을 막기 위해 영재학교와 과학고 학생들이 의약학 계열 진학을 희망하면 일반고 전학을 권고하고 교육비와 장학금을 환수하는 방안을 추진 중입니다. 그러나 서울대 의대 진학을 희망하는 서울과학고 학부모가 교육비 환수를 두려워하는 경우는 드뭅니다.

결국 고등학교보다 중요한 것은 대학의 입장입니다. 서울대는 국립대라 정부와 여론의 눈치를 안 볼 수 없지만 연세대, 고려대나 성균관대는 그럴 이유가 적습니다. 오히려 서울대가 영재학교와 과학고 출신 학생을 뽑지 않으면 다른 대학들이 대신 영재학교 학생들을 더 뽑으려고 할 가능성이 있습니다. 2028학년도에 정부가 영재학교 학생이 수시로 의대 학생부 종합 전형에 지원하는 것을 막지 않는 한 영재학교 최상위권 학생들은 의대행을 택할 것입니다.

영재학교는 좋은 내신 성적을 받기가 무척 어렵습니다. 내신 성적이 입시에 반영되는 전형으로는 불리할 수 있지요. 우리 아이가 영재학교에 가서도 상위권을 유지할 수 있는 수준인지 아닌지에 대해 확신이 없다면 영재학교는 신중하게 고민해야 합니다. 그러나 한편으로 의대는 학생부 종합 전형과 교과 전형만 있는 게 아니라 논술 전형과 정시 전형도 있어서 영재학교에 합격하면 의대 가기가 불가능하다고 단언하기는 어렵습니다. 법으로 '영재학교 학생은 수시 학생부 종합 전형 지원 불가능'이라는 극약처방이 없는 한 메이저 의대는 여전히 영재학교 학생을 뽑으려고 할 것입니다. 영재학교 준비 자체는 의대 입시에도 도움이 되니 영재학교 준비는 하되, 목표는 영재학교가 아닌 의대라는 점을 분명히 한 뒤 조금 더 다양한 선택지를 놓고 신중하게 고민하는 것이 필요합니다.

지방의 고등학교로 진학하기

새로운 정부가 등장해 정권 교체가 된다고 해도 절대 변하지 않을 의대 입시가 있습니다. 바로 지방 대학교의 지역인재 전형입니다. 지난 정부에서 신설된 지역인재 전형이 늘어나면 늘어났지 줄어들 일은 없습니다. 거의 변수가 아닌 상수라고 봐야 합니다.

지역인재 전형은 수시 학생부 교과 전형, 학생부 종합 전형은 물론 정시에도 있습니다. 지방 국립대의 지역인재 선발 비율을 살펴보면 전체 정원의 80%를 지역인재 전형으로 뽑는 부산대와 같은 학교도 있고, 80%까지는 아니더라도 보통 50% 이상을 지역인재 전형으로 선발하고 있습니다.[*] 교육부가 처음 '지방대학 및 지역균형인재 육성에 관한 법률' 시행령을 발표할 당시에는 강원도, 제주도 지역은 20% 이상, 그 외 지역은 40% 이상을 목표로 하고 있었지만 현재는 더 많은 지방 거점 국립대와 사립대들이 지역인재 전형의 비율을 늘리고 있는 추세입니다. 무엇 때문일까요?

가장 큰 이유는 학생들이 지방에서 공부한 뒤 지방에서 개업하기를 원하는 지방 의대들의 사정 때문입니다. 원광대, 전남대 등 지방 의대에서는 해마다 10명 이상이 이탈하는데, 이들은 대부분 서울·경기 지역에서 내려 온 학생들이 많습니다. 그 외에도 지방 의대에 만족하지 못하고 서울로 올라가고 싶은 학생들은 중도에 학업을 그만둔 뒤 수능을 다시 봐서 더 나은 의대로 가려고 합니다. 이들을 교육시킨 비용과 이들 대신에 다른 학생을 뽑을 수 있었던 기회비용까지 생각하면 지방 대학들은 해당 지역의 명문고 출신 학생들에 더 비중을 두고 학생을 선발할 수밖에 없습니다.

또 한 가지 이유는 정부의 지원 때문입니다. 정부는 지역 균형 발전을 추구합니다. 정부도 지자체도 지방의 환자들이

---

[*] 장서윤, '부산대 의대, 지역인재 선발률 전국'최고'', 채널PNU, 2023.09.08, https://channelpnu. pusan.ac.kr/news/articleView.html?idxno=33569

KTX를 타고 서울로 올라와 메이저 의대 병원에 몰리는 상황을 원하지 않습니다. 지방에도 좋은 병원과 좋은 의사들을 늘리려는 계획은 진보와 보수 정권 모두 동의하고 있는 사안입니다.

이런 이유로 의대에 보내려면 지역인재 전형을 노려 지방 의대에 보내는 것이 유리하다고 생각해 지방으로 이사를 가는 학부모들도 많습니다. 설명회에서 어떤 지역의 대학이 최저 등급이 낮은지 물어보기도 합니다. 지역인재 전형은 정시는 모든 학교가, 수시는 90% 이상의 학교가 최저 등급을 설정해 놓고 있어 수능 성적이 어느 정도 나와야 지원이 가능한 전형이기 때문입니다. 하지만 아무리 최저 등급이 있다고 해도 서울·경기 학생들과 경쟁하는 인서울 의대 정시에서는 수능에서 2~3문제만 틀려야 합격이 가능한 반면, 수시 지역인재 전형으로 간다면 7~10문제를 틀려도 의대 합격이 가능하기 때문에 지방으로 내려갈 생각을 하는 학생과 학부모가 많습니다.

제가 조사한 바로는 지역인재 전형은 강원도와 전라남도 지역이 유리합니다. 강원도는 강원도 전체의 재학생과 졸업생을 통틀어 정시 서울대 합격생이 18명에 불과할 정도로 수능이 약하고 수능 고득점자가 가장 적게 나오는 지역입니다.[**] 전라남도는 의대 열풍이 강한 지역인데, 전남 지역 의대인 전남대와 조선대는 수시 최저 등급이 수학을 포함한 3개 영역 합

** 윔선영, '서울대 정시 강원합격자 18명', 강원일보, 2023.02.05, https://m.kwnews.co.kr/page/view/20230205123842064963

5~6등급 이내로 수능 최저 등급 기준이 낮습니다. 전남 지역 고등학교에서 내신만 잘 챙기면 현역 수시로 의대를 갈 가능성이 높아지는 것입니다. 물론 2028학년도 입시에서는 지역인재 전형의 최저 등급이 조금 더 강화될 가능성은 있습니다.

실제로 대치동에 살면서 아들을 의대에 보내고 싶어 해운대 센텀시티로 이사를 가려는 학부모를 본 적이 있습니다. 해운대고등학교에 진학해 의대 입시를 준비하겠다는 전략이었지요. 해운대고등학교는 의대를 많이 보내는 학교 순위에서 보통 20위 안에, 어떤 해에는 10위 안에도 드는 지방의 의대 사관학교입니다. 해운대고는 우수한 학생들이 몰려 있어 내신 따기에 어려움이 있음에도 불구하고 해마다 부산대 의대 수시 학생부 종합 전형 합격자를 5~6명씩 내고 있습니다. 이걸 유턴이라고 해야 할까요? 앞으로 의대 입학을 위해 지방으로 내려가는 추세는 더 늘어나고 강화될 가능성이 높습니다.

학군지로 이사 가지 않고도 의대를 보내는 방법

지방으로 이사갈 여건이 되지 않는다면, 우리 지역의 학군지로 이사를 가는 것이 최선의 선택일까요? 의대 중에서도 오로지 서울대 의대에 진학하는 것이 목표라면 그럴 수도 있습니다. 그러나 학군지로 이사를 가기 위해서는 대출을 받아 전세로 가더라도 강남 대치동을 기준으로 10억 원 이상의 돈이 필요합니다. 소수만이 감당할 수 있는 비용이지요.

아이를 의대에 보내려는 것은 내 자녀가 미래에 사회의 인정을 받으면서 안정적으로 돈을 벌라는 취지이지, 내가 가진 돈을 전부 쏟아 부어 가며 노후 대비를 포기하겠다는 뜻은 아닐 것입니다. 아무리 의대라는 열매가 달콤해도 투자가 너무 크면 선택하기 어렵습니다. 그런데 2023년 이후 펼쳐질 앞으로의 대학 입시 방향을 보면, 꼭 비싼 돈을 들여 자녀를 학군지에 보내야 의대에 합격하는 것은 아니게 되었습니다.

그 단초는 2023년 6월 대통령이 직접 수능에서 킬러 문항은 공정하지 않다고 주장하면서 제기됐습니다. 윤 대통령은 6월 모의고사에서 수학이 특히 어렵게 나오고, 국어 비문학 지문에서 어려운 경제 지문이 나오는 것을 문제 삼았습니다. 당시 6월 모의고사에서는 수학 미적분 선택자 만점자의 표준점수가 151점으로, 136점인 국어 언어와 매체 선택자보다 압도적으로 높았습니다. 만점자의 표준점수가 높으면 높을수록 그 과목이 어려웠다는 것을 뜻하지요. 6월 이후에도 많은 학생과 학부모가 위기감을 느끼고 수학 학원의 문을 두드렸습니다.

그런데 9월 모의고사의 수학은 최상위권 학생들의 기준에서는 정말 쉽게 출제됐습니다. 유명 재수 학원에서 재수를 하는 제 제자의 이야기로는 수학 시간에 학생들의 탄식이 여기 저기서 퍼져 나왔다고 합니다. 쉬워도 너무 쉬웠다는 것입니다. 9월 모의고사에서 수학 미적분 선택 만점자와 국어 언어와 매체 만점자의 표점 차이는 단 2점이었습니다.

이처럼 앞으로도 국어와 영어가 어려워지고 수학은 쉬워지는 상황이 도래할 수 있습니다. 그렇다면 꼭 학군지에서 수학 교육을 받지 않아도 입시에 성공할 가능성이 생깁니다. 즉 현역들이 비강남권에 거주하면서 정시 최저 등급 기준을 넘길 가능성이 전보다 높아졌고, 앞으로도 높아질 가능성이 있습니다. 이 말은 꼭 10억 원 이상 투자해서 강남행이라는 열차를 택해야만 자녀가 의대에 합격하는 것은 아니라는 이야기입니다. 정부는 절대 강남과 비강남의 격차를 벌리고 사교육비를 폭증시키는 일을 원하지 않습니다.

이런 상황이라면 지방의 학생은 지방 의대의 지역인재 전형을 우선 순위에 두고, 강북이나 분당 외 경기도 지역의 학생들은 학교 내신을 1순위로 챙긴 다음 비교과를 관리해 학생부 종합 전형을 노리는 게 유리합니다. 만일 의대에 가기 위해서 꼭 학군지로 이사를 가야 한다고 주장하는 입시 전문가가 있다면, 그분은 입시를 모르거나 미래를 보지 못하는 케이스 중에 하나입니다.

강남의 여고들은 의대 실적이 좋습니다. 도곡동에 위치한 숙명여자고등학교는 전국 모든 학교 중에서 의대를 가장 많이 보내는 학교의 순위를 매겼을 때 10위 안팎에 드는 학교입니다. 역삼동의 진선여자고등학교는 사상 처음으로 여고에서 서울대 의대 수시 합격자가 3명이 나온 학교이지요. 도곡동의 또 다른 명문여고인 은광여자고등학교도 꾸준히 서울대 의대 수시 합격생을 배출하고 있습니다. 개포동에 위치한 경기여자고등학교에서는 2023학년도에 1.5등급이라는 내신으로 연세대 의대 학교생활 우수자 전형으로 합격한 사례가 나오기도 했습니다. 위의 네 학교에서 내신이 뛰어나고 의대 진학을 희망하는 학생들은 함께 의학 동아리 활동을 하며 협력하고 경쟁하는 분위기 속에서 고등학교 3년을 보냅니다.

사실 아들이 아닌 딸을 의대에 보내고 싶은 학부모들은 전세로라도 강남구, 서초구로 이사를 가서 이들 학교에 보내는 것이 유리합니다. 위의 네 학교와 더불어 서초구에 있는 세화여자고등학교와 서문여자고등학교 또한 의대 합격자가 꽤 있는 편입니다. 잠실에 있는 잠실여자고등학교도 의대 합격생을 꽤 배출합니다. 딸을 의사로 만들려면 맹모삼천지교의 정신으로 강남·서초·송파 지역으로 이사를 가는 길이 답일 수도 있다는 점은 분명 사실입니다.

강남·서초·송파 지역만큼 많은 의대 합격생이 배출되지는 않지만, 목동의 진명여자고등학교와 중계동의 대진여자고등학교도 의대 합격생이 배출되는 여학교입니다. 대진여고는 수시와 정시를 동시에 신경 쓰는 학교로, 의대에서 필요한 생명과학과 화학 심화 학습, 보고서 쓰기로 차별화된 프로그램을 갖고 있습니다. 다양한 프로그램을 운영하는 대진여고가 수시에 조금 더 강한 편이라면, 진명여고는 정시에 조금 더 강합니다.

강북에 있는 여고 중에서 의대 합격생을 많이 배출하는 학교는 은평구에 있는 예일여자고등학교입니다. 서대문구와 은평구에서 의대·치대·약대를 지망하는 학생이라면 1지망으로 무조건 쓰는 학교가 예일여고입니다. 예일여고는 서울대 의대 수시 합격생은 아직 배출하지 못했지만, 서울대 치대 합격생과 서울대 외의 의대 합격생을 꾸준히 배출하고 있습니다.

지방의 여고 중에서 의대 수시 실적이 좋은 학교는 천안에 있는 복자여자고등학교입니다. 수학, 과학 과목은 특목고 수준의 심화 수업이 진행되는 데다가, 학교에서 물리, 화학, 생명과학, 지구과학 과목의 다양한 심화 활동을 할 수 있어 의대가 원하는 비교과를 챙길 수 있다는 장점이 있습니다. 거의 해마다 상위권 의대 합격생을 배출하고 있는 학교입니다.

여학교를 희망하시는 학부모라면 첫 번째 고려 대상은 전국 단위 자사고입니다. 전국 단위 자사고에서 수시로 의대에 가려면 내신이 중요한데, 확실히 여학생들이 내신을 잘 챙기기 때문입니다. 두번째 고려 대상은 강남·서초·송파 지역의 여학교로 진입을 하는 것입니다. 마지막 방법은 본인이 살고 있는 지역의 일반 여고에 가서 내신을 1, 2등급 이내로 유지하고, 수능은 학교와 상관없이 사교육의 도움을 받아서라도 철저하게 챙겨 수시 학생부 교과 전형과 학생부 종합 전형을 동시에 노리는 방법입니다.

해마다 여학생들의 의대 입학은 늘어나고 있고 앞으로도 계속 늘어날 전망입니다. 2000년대 이전까지 의대는 분명 남학생을 선호했지만 성평등 의식이 확대되면서 그런 전통도 서서히 깨지고 있습니다. 해마다 의사 국가고시의 수석 합격자로 여학생이 선정되면서 보수적인 의대 교수들의 인식도 바뀌고 있기 때문입니다.

5장

의대 입시 전략

개인의 선택을 강조하는 현 정부의 특성상 의대 입시 자체를 규제하거나 통제하려고 하지는 않을 것입니다. 그러나 의대 정시의 인원을 대폭 늘리거나, 수학 본고사로 학생을 선발하는 논술 전형을 늘려서 고등 사교육 및 수학 사교육을 키우는 것 이외의 방향을 유도할 것으로 보입니다. 결국 앞으로 4년 동안 의대 입시가 어떻게 흘러갈지에 대해서는 어느 정도 정해져 있습니다. 2028학년도에도, 의사가 되는 길은 다섯 가지입니다.

2028학년도 대학 입시의 변화

2023년 10월, 2028 대입 제도 개편안이 발표됐습니다. 12월에 국민 여론을 수렴해 최종 확정되겠지만 국회를 반드시 거쳐야 하는 '법률'이 아니기 때문에 이대로 확정되거나 미세하게 조정될 가능성이 높습니다. 원래는 6월 안으로 발표했어야 했는데 밀리고 밀린 뒤 결국 10월에 발표가 되었습니다. 왜 이렇게 늦게 발표가 되었을까요? 기존에는 학생부 종합 전형의 옹호자인 이주호 장관을 중심으로 수능과 내신 모두 전 과목의 절대평가 전환을 기획했었습니다. 그러나 국민 여론의 반대가 심해서 수능과 내신 전 과목의 절대평가 전환은 보류한

영역		현행 (~2027 수능)	개편안 (2028 수능~)	
국어		공통+2과목 중 택1 공통: 독서, 문학 선택: 화법과 작문, 언어와 매체	공통 (화법과 언어, 독서와 작문, 문학)	
수학		공통+3과목 중 택1 공통: 수학Ⅰ, 수학Ⅱ 선택: 확률과 통계, 미적분, 기하	공통 (대수, 미적분Ⅰ, 확률과 통계)	
영어		공통 (영어Ⅰ, 영어Ⅱ)	공통 (영어Ⅰ, 영어Ⅱ)	
한국사		공통 (한국사)	공통 (한국사)	
탐구	사회·과학	17과목 중 최대 택2		
		사회: 9과목 한국지리, 세계지리, 세계사, 동아시아사, 경제, 정치와 법, 사회·문화, 생활과 윤리, 윤리와 사상	사회: 공통 (통합사회)	
		과학: 8과목 물리학Ⅰ, 화학Ⅰ, 생명과학Ⅰ, 지구과학Ⅰ, 물리학Ⅱ, 화학Ⅱ, 생명과학Ⅱ, 지구과학Ⅱ	과학: 공통 (통합과학)	
	직업	1과목: 5과목 중 택1 2과목: 공통+[1과목] 공통: 성공적인 직업생활 선택: 농업기초기술, 공업일반, 상업경제, 수산·해운산업기초, 인간발달	직업: 공통 (성공적인 직업생활)	
제2외국어/한문		9과목 중 택1 제2외국어/한문: 9과목 독일어Ⅰ, 프랑스어Ⅰ, 스페인어Ⅰ, 중국어Ⅰ, 일본어Ⅰ, 러시아어Ⅰ, 아랍어Ⅰ, 베트남어Ⅰ, 한문Ⅰ	9과목 중 택1 제2외국어/한문: 9과목 독일어, 프랑스어, 스페인어, 중국어, 일본어, 러시아어, 아랍어, 베트남어, 한문	*추가 검토안 10과목 중 택1 •제2외국어/한문: 9과목 •심화수학: 1과목 (미적분Ⅱ+기하)

출처: 교육부, 2028 대학입시 제도 개편 시안, 2023

채 결국 수능, 내신 모두 상대평가가 유지되는 안으로 결정이 됐습니다.

초등 학부모님들, 그리고 중학교 2학년 이하 자녀를 두신 학부모님들은 딱 세 가지만 명심하시면 됩니다.

내신 9등급제 → 5등급제

먼저 내신 9등급제는 5등급제로 전환됩니다. 이전에는 상위 4%에 들어야만 1등급을 받을 수 있었지만, 2028학년도부터는 한 학교에서 상위 10% 안에만 들면 1등급을 받을 수 있게 됩니다. 그만큼 내신의 변별력이 줄어드는 대신 다른 방식으로 학생을 평가하게 될 것입니다.

선택 과목 폐지, 통합 과목 도입

수능에서는 선택 과목이 사라집니다. 국어, 영어, 수학은 문·이과 학생이 모두 똑같은 과목을 응시하게 되고, 사회탐구와 과학탐구 과목도 18개 과목에서 2개 과목을 선택하던 것이 고등학교 1학년 때 배우는 통합사회, 통합과학 과목을 모두가 치르는 것으로 변경됐습니다. 탐구 과목의 선택이 폐지되면서 재수생들이 불리해지고 현역이 수능에서 유리해지게 되었습니다.

심화수학 도입 예정

마지막으로 제2 외국어와 함께 심화수학이 선택 과목으로 지정되었습니다. 심화수학은 미적분Ⅱ와 기하가 시험 범위입니다. 이는 의대와 상위권 대학의 공대를 가려면 여전히 이과 수학을 해야 한다는 뜻이기도 합니다. 재수생들, 그리고 전국 단위 자사고 학생들에게 유리한 정책이라고 할 수 있습니다.

통합수능의 취지에 맞게 문·이과 모두 1학년 때 공통으로 배우는 과목으로 동일한 시험을 치르는 방안은 기존의 수능보다 쉬워진 수능입니다. 물론 국어와 수학은 2학년 때 배우는 일반 선택 과목도 포함되지만, 문제는 의대가 가장 선호하는 과학입니다. 아무리 문제를 어렵게 꼬더라도 1학년 통합과학 범위 내에서는 의대 교수들이 원하는 수준으로 수능 문제를 낼 수가 없습니다. 의대 교수들은 학생의 생활기록부를 살필 때 학생들의 물리I, 화학I, 생명과학I, 지구과학I의 성적은 물론 물리Ⅱ, 화학Ⅱ, 생명과학Ⅱ, 지구과학Ⅱ, 일부 학교에서 배우는 고급 화학과 고급 생명과학의 성적과 세부능력 및 특기사항까지 모두 확인합니다. 이렇게 꼼꼼하게 살펴보던 의대가 과연 고1 수준의 통합과학 수능 성적으로 만족할까요?

내신 5등급제 전환으로 인해 1등급이 4%에서 10%로 늘어나는 현실을 의대는 어떻게 받아들일지에 대한 답은 하나입니다. '내신 하나만 믿고 학생을 뽑을 수는 없다.'입니다. 따라서 수능 최저 등급을 더 강화하는 방법이나 생활기록부로 학생을 평가하는 학생부 종합 전형의 선발 인원을 늘리는 방법을 시행하리라 예상됩니다. 또 현재 많은 대학이 폐지하고 있는 논술 시험에서 과학 논술이나 심층 과학 구술 면접이 부활할 가능성도 있습니다. 그러나 교육부와 국민 여론의 반대 앞에서 과학 논술이 포함된 논술 고사 정원을 대폭 늘리거나 과학 면접을 부활시키기는 어려워 보입니다.

이 입시 제도에서 가장 유리한 사람들은 누구일까요? 내신 9등급제가 5등급제로 바뀌면 일반고가 불리해지고 전국 단위 자사고나 특목고가 유리해집니다. 블라인드 평가가 유지되어도 대학들은 자사고나 특목고 학생의 생활기록부를 구분해 내기 때문입니다. 이들 학생부에서 1등급이 많이 발견되면, 학교를 고려해 내신보다는 세특을 좀 더 보려고 할 것입니다. 학생부 종합 전형에서도 다양한 프로그램을 지원하는 전국 단위 자사고나 특목고가 유리합니다. 그런데 한편으로는 수능의 변별력이 줄어들면 재수생이 불리해지고 지방의 일반고 학생들이 유리해집니다. 2023년에 중학교 2학년인 학생이 치를 2028학년도 대입은 이렇게 각 계층과 지역 학교 유형에 따라 유불리가 섞여 있는 거대한 카오스가 되었습니다. 학부모들은 혼란스러울 수밖에 없는 상황입니다.

2

의대에 입학하는 다섯 가지 전략

　　교육부의 개편안에 따라 수능에서 과학탐구 과목의 선택이 사라지고, 내신 9등급제가 5등급제로 완화된다는 점이 2028학년도 입시에서 맞게 될 변화입니다. 이에 따라 의대 입시도 변화가 있을까요? 제 생각에는 그렇지 않습니다. 의사라는 직업, 의대 교수라는 직업 자체가 앞으로 4년간 크게 바뀔 것 같지는 않기 때문입니다. 물론 2025학년도 입시부터 의대 정원이 늘어날 가능성이 있어 의료계에 큰 변화가 예상되기는 합니다. 하지만 그렇다고 의사를 선발하는 과정 자체가 바뀌지는 않을 것이기에 그렇습니다.

늘 그랬듯 국·영·수 중심의 입시는 공고하며, 학교 내신으로 학생의 성실성과 학교생활 전반을 보려는 분위기도 여전할 것입니다. 이왕이면 다홍치마라고 수학을 아주 잘하는 학생들을 선호하는 경향도 이어질 것입니다. 다만 한 가지 변화가 예상된다면 의과대학에서 인공지능 등 AI와 관련된 인재를 빨아들이려는 시도가 더욱 많아질 거라는 점입니다. 당장 인공지능이 의사를 대체할 리는 없겠지만 앞으로 의사들이 인공지능을 적극적으로 활용할 가능성이 크기 때문입니다.

의대가 원하는 인재상인 우수성, 성실성, 헌신성은 히포크라테스 이후 계속되어 온 가치이며, 의대가 입시에서 학생들을 선발하는 기준도 이와 같습니다. 의사들은 일단 똑똑하고 성실해야 하며 환자에게 헌신적이어야 합니다. 여기에 외과라면 섬세한 손, 신경정신과라면 의사소통 능력을 부분적으로 요구하기도 할 것입니다.

그리고 모두가 의대 입시에 달려든다고 해도, 또 아무리 의대가 인재를 빨아들이는 블랙홀이라고 해도 의대가 고등학교와 교육부에게 직접적으로 '학생을 이렇게 교육시켜라', '입시제도를 이렇게 고쳐라'라고 할 수는 없습니다. 특히 점수로 모든 것이 결정되는 정시는 '점수로 줄 세우기'라는 본질이 바뀌지는 않을 것입니다. 물론 주로 7년 단위로 입시를 크게 바꾸는 정부의 방향이 꼭 의대가 원하는 방향은 아닐 수도 있습니다. 하지만 아무리 원하는 방향이 아니라고 할지라도 그럴 때 고등학교와 정부에게 영향력을 행사하려 하기보다는 변화 속에서 의대가 원하는 인재를 발견하는 방법을 찾으려고 할 가능성이 높습니다.

앞으로 4년 동안은 정부가 의대에 몰리는 과잉 관심과 사교육 열기를 잡으려고 할 가능성이 있습니다. 특히 현 정부는 여론과 함께 사교육비 증가를 막아야 한다는 강박관념이 이전 정부보다 더 심한 편입니다. 개인의 선택을 강조하는 현 정부의 특성상 의대 입시 자체를 규제하거나 통제하려고 하지는 않을 것입니다. 그러나 의대 정시의 인원을 대폭 늘리거나, 수학 본고사로 학생을 선발하는 논술 전형을 늘려서 고등 사교육 및 수학 사교육을 키우는 것 이외의 다른 방향을 유도할 것으로 보입니다. 결국 앞으로 4년 동안 의대 입시가 어떻게 흘러갈지에 대해서는 어느 정도 정해져 있습니다. 2028학년도에도, 의사가 되는 길은 다섯 가지입니다.

수능: 의대 입시의 기본

수능으로 의대가는 전형

정부가 출제와 채점을 책임지는 수능 성적이 의대 입시에서 활용되는 경우는 두 가지입니다. 첫째로 다른 것은 전혀 보지 않고 오직 수능 성적만으로 합격과 불합격이 결정되는 정시입니다. 정시로 의대에 합격하는 학생은 전체 의대 정원의 40% 정도입니다. 물론 이 중에서도 서울대는 수능 성적 외에 학생들의 내신 성적과 과목별로 선생님이 써주는 세부능력 및 특기사항을 반영하고 있습니다.

또 한 가지 경우는 수능 점수를 자격 조건으로 설정하는 제도입니다. 전체 선발 인원에서 정시 40%를 제외한 나머지 60%를 차지하는 것은 수시입니다. 이 중에서도 90% 정도의 수시 전형이 수능 최저 등급 기준을 두고 있습니다. 대학에 따라 수능 국·영·수·사·과 과목 중에서 3개 과목, 혹은 4개 과목만 반영하기도 합니다. 각 대학이 정확히 어떤 과목에서 어떤 기준을 둘지는 2028학년도 입시 전형 계획이 발표되는 2026년 4월에나 알 수 있습니다.

입시에서 확인하는 수많은 지표 중에서 의대 교수들이 가장 신뢰하는 것은 수능입니다. 의대 교수들은 수능과 같이 표준화된 국가 단위의 시험에서 일정 수준의 지적 능력을 보고자 합니다. 그래서 정시는 전체 정원의 거의 100%를 오직 수능 성적으로만 뽑고, 수시에서도 최저 등급을 높게 유지하는 것입니다.

하지만 그럼에도 불구하고 의대는 수능 성적만으로 학생을 선발하기보다는 수능 성적은 기본이고 성실성 및 인성 그리고 수학적 우수성까지 종합적으로 고려해 선발하려는 경향이 강합니다. 대학 역시 오직 수능 성적만으로 학생을 선발하는 것을 크게 선호하지는 않습니다. 그럴 경우 재수생과 N수생의 비율이 늘어나기 때문입니다. 현재 전체 모집 인원의 40% 정도를 선발하는 정시 전형에서 현역이 아닌 졸업생의 비율은 75% 내외입니다.* 서울대와 연세대가 약간 낮고 나머지 의대는 더욱 높습니다. 의대는 4명 중 3명이 N수생인 현실을 반가워하지 않습니다. 정부의 지침이 없는 한, 의대가 자발적으로 정시 비율을 확대할 가능성은 적기 때문에 40%의 정시 비율은 한동안 유지될 것으로 보입니다.

정시 합격 수능 커트라인

2027학년도 수능까지는 학생들의 수준을 파악할 수 있는 상대평가 과목들의 문제 수가 국어 45문제, 수학 30문제, 사회와 과학을 포함한 탐구 40문제로 총 115문제입니다. 이번 개편안에서 수능의 절대평가 영역이 확대되지 않고 상대평가 체

---

* 신현지, '의대 정시 합격자 10명 중 8명 'N수생'.. '정시 확대가 N수 대폭 증가 부추겨'', 베리타스알파, 2023.03.02, https://www.veritas-a.com/news/articleView.html?idxno=448757

제를 유지하면서 의대 입시를 대비하는 학생들은 정시 만점에 목을 매게 됐습니다. 학교마다 가중치와 비율이 다르기에 일괄적으로 말하기는 어렵지만, 의대 입시에서 국어와 수학의 비중은 더욱 높아졌습니다.

상당히 어렵게 나왔던 2023학년도 수능에서 의대 합격생은 몇 문제를 맞았는지 살펴보겠습니다. 40명을 뽑는 서울대 의대는 수학은 만점, 그 외의 과목에서 3문제를 틀린 학생까지 합격했습니다. 47명을 뽑는 연세대 의대도 비슷했습니다.* 115문제 기준으로 서울대와 연세대는 절대평가인 영어와 한국사는 무조건 1등급, 그리고 중요한 수학 과목 역시 1등급이라는 전제 아래 그 외 과목에서 3문제가 커트라인이라고 생각하시면 됩니다.

여기에 메이저 의대인 가톨릭대, 성균관대, 울산대, 고려대는 4문제까지 늘어납니다. 그리고 여기서 한 문제 더 틀리면 한양대, 경희대, 중앙대, 이대, 인하대, 가천대, 아주대까지입니다. 즉 인서울 수도권 의대는 5문제가 커트라인입니다.

한림대, 인제대, 순천향대 같은 지방 3룡 의대와 지역 거점 국립대(지거국)인 부산대, 경북대 의대의 경우 오답의 수가 6개 이하였을 때 갈 수 있습니다. 그리고 나머지 지거국 의대인 충남대, 충북대, 전남대, 전북대, 경상국립대, 강원대 그리고 사립대 중에서는 연세대 미래캠퍼스 의대가 7개가 커트라인입니

* 전민희, '서울대 의대 정시 합격선 294점, 경영 288점…수학에서 판가름', 중앙일보, 2022.11.18, https://www.joongang.co.kr/article/25118688#home

다. 전 과목에서 7개를 틀린 성적은 의대를 희망하지 않는다면 서울대 공대에서 가장 경쟁률이 높은 과인 컴퓨터 공학과를 갈 수도 있는 성적입니다. 8문제를 틀리면 영남대, 계명대, 대구가톨릭대, 조선대, 원광대, 고신대, 동아대, 건양대, 가톨릭관동대, 건국대 글로컬캠퍼스, 동국대 와이즈캠퍼스, 단국대 천안캠퍼스, 을지대 등 지방 사립대 의대를 갈 수 있습니다. 제주도에 있는 국립대인 제주대가 커트라인이 가장 낮아 9문제가 커트라인인 의대로 볼 수 있습니다.

통합사회와 통합과학이 도입되는 2028학년도 수능부터는 의대 정시 판도가 어떻게 흐를까요? 정시 인원은 더 늘지는 않겠지만, 그렇다고 급격하게 줄지도 않을 겁니다. 현 정부가 대입 개편안을 내놓으면서 정시에서 40%를 선발해야 한다는 가이드라인을 거둔 것은 아니기 때문입니다. 따라서 정시로 의대를 가려면 일단 서울, 연세, 메이저 인서울, 수도권, 지방 3룡, 지거국 중 부산대, 경북대까지 수학 만점은 필수입니다. 수학은 1문제라도 틀리면 지방으로 내려가야 합니다.

국어는 서울대와 연세대는 1문제 정도, 메이저 의대는 2문제 정도, 인서울, 수도권, 지거국 중 경북과 부산대는 3문제까지 틀려도 합격이 가능할 것으로 예상됩니다. 국어에서 3문제, 수학에서 1문제 틀린다면 연세대 미래캠퍼스와 충남대, 전남대 등이 가능할 것입니다. 결국 의대에 가려면 국어와 수학을 합쳐 5개 정도 틀리는 경우에만 가능해질 전망입니다.

통합사회와 통합과학의 난이도는 아무리 어렵게 꼬더라도 지금 수능의 사회탐구, 과학탐구보다 어렵게 나올 수는 없습니다. 고등학교 1학년이 배우는 과목의 수준에서 어렵게 내는 데는 한계가 있기 때문입니다. 탐구 과목은 2문제까지가 의대 커트라인일 거라 예상합니다.

결국 국어, 수학, 탐구까지 모두 합쳐 7문제 정도를 틀려야 의대에 갈 수 있다는 점에서 2028학년도 정시 의대 합격 커트라인은 지금보다 조금 더 올라갈 수 있습니다. 물론 난이도에 따라 달라질 수 있습니다. 우선 지금 중학교 2학년 이하인 학생과 학부모들은 수학 만점부터 만든 뒤 국어와 탐구는 최대한 적게 틀린다는 각오로 수능 공부에 매진하는 것이 바람직합니다. 무엇보다도 일단 이 모든 건 영어 1등급을 전제로 하는 것임을 잊어서는 안 됩니다.

현역 정시로 의대 가기

정시로 자녀를 의대에 보내는 학부모들은 인디언 기우제를 지내는 심정으로 합격할 때까지 재수, 3수, 4수, 필요하면 군대를 다녀와서 5수, 6수도 마다하지 않습니다. 대단한 의지와 끈기입니다. 실제로 대부분의 의대는 정시 합격생 중 많으면 80%, 적어도 70% 이상이 재수생 이상입니다.

구분	2023		2022		2021		2020		합계	
	인원	비율	인원	비율	인원	비율	인원	비율	인원	비율
재수	553	43.6%	471	36.6%	561	43.1%	386	45.5%	2171	42.2%
3수	226	17.8%	303	23.5%	309	23.7%	285	22.1%	1123	21.8%
4수 이상	142	11.2%	233	18.1%	177	13.6%	138	10.7%	690	13.4%
N수생 계	921	72.7%	1007	78.2%	1047	80.4%	1009	78.4%	3984	77.4%
고3	329	26.0%	263	20.4%	234	18.0%	270	21.0%	1096	21.3%
기타	17	1.3%	17	1.3%	22	1.7%	8	0.6%	64	1.2%
계	1267	100.0%	1287	100.0%	1303	100.0%	1287	100.0%	5144	100.0%

2020~2023 의대 정시 합격 현황 (최초합 기준)
*기타=검정고시 등
출처: 더불어민주당 강득구 의원실, '2020~2023학년도 정시모집 의대 신입생 선발 결과' 분석자료, 2023

가장 최근인 2023학년도는 재수생 이상의 비율이 약간 줄었습니다. 2023학년도 현역 수험생이었던 고등학교 3학년 학생들이 굉장히 공부를 잘하는 학생들이었기 때문입니다. 그러나 그렇다고 해도 2020학년도, 2021학년도, 2022학년도, 2023학년도 모두 재수생 이상의 비율이 70% 이상입니다. 저는 실제로 부산의 모 자사고 졸업생 중 5수를 해서 의대에 간 경우를 본 적이 있습니다. 지방도 재수, 3수를 해서라도 의대에 보내겠다는 의지가 강합니다. 올해 제가 상담한 학생들 중에서도 N수생이 많았습니다. 2028학년도 입시 이후에도 그럴까요? 다음 두 가지에 해당하면 그렇게 될 가능성이 높습니다.

첫째로 1학년 때 내신을 망친 경우, 둘째로 모의고사 성적만 믿고 2, 3학년 때 생활기록부 관리를 소홀히 한 경우입니다.

결국 내신이 안 좋은 학생들은 수능을 여러 차례 보면서 당일 하루의 운에 모든 걸 맡기게 될 가능성이 높습니다. 그러나 재수를 하면 할수록 수능 당일 긴장할 가능성은 커집니다. 그리고 표를 보면 알 수 있지만 의대 합격자는 재수생보다 3수생이 적고, 3수생보다 4수생이 더 적습니다. 장수를 한다고 해서 의대에 갈 확률이 높아지는 것은 결코 아닙니다.

2028학년도의 전년도, 즉 2027학년도 수능에서는 재수 기피 현상이 심각할 것입니다. 재수를 하게 된다면 바뀐 교육과정에서 수능을 치러야 하고, 내신평가 방식도 달라지는 점에 대한 불확실성 때문입니다. 결국 2028학년도 입시는 사상 유례없는 재수생 감소 현상 덕분에 현역이 의대에 가는 기회가 여느 해보다 높아질 것으로 예상됩니다. 하지만 그럼에도 의대를 가기 위한 재수, 3수, 4수는 쉽게 사그라들지 않을 것입니다. 그러니 정시로 의대에 가겠다는 생각을 하는 순간 N수생과의 경쟁은 피할 길이 없습니다.

현역 학생에게 가장 좋은 방법은 1학년 때는 내신에 올인한 뒤, 2학년 때부터 모의고사를 챙기고 전략적으로 과목 선택을 해서 수시로 의대에 가는 방법입니다. 재수를 할 때마다 아무리 적어도 매월 200만 원에서 500만 원을 지출해야 하니 경제적으로 넉넉하지 않으면 재수를 해서 의대에 가기는 더더욱 어렵습니다. 의대는 확실히 정시보다 수시가 넓은 문입니다.

수시와 수능 성적

의대는 대부분의 수시 전형에 최저 등급이 있습니다. 최저 등급이란 수능을 자격고사로 활용하는 것으로, 아무리 다른 조건이 우수해도 수능에서 일정 이상의 성적을 받지 못하면 무조건 떨어뜨리는 제도입니다. 2025학년도를 기준으로 수도권 내의 의대 중에 학생부 교과 전형에서 최저가 없는 의대는 전무하고, 지방대 의대 중에서 건양대 의대가 최저등급 없이 면접 전형으로 15명을 선발하는 것이 전부입니다. 사실상 학생부 교과 전형과 논술 전형은 무조건 수능을 잘 봐야 합격이 가능한 구조입니다.

학생부 종합 전형에서는 수능을 보지 않는 학교가 조금 더 늘어납니다. 서울대 일반 전형을 비롯하여 성균관대, 한양대, 중앙대, 경희대, 인하대, 충북대, 강원대, 계명대, 순천향대가 학생부 종합 전형에서 최저 등급이 없습니다. 그러나 한양대도 종합 전형 중에서 25명을 선발하는 학교장 추천 전형은 3개 영역 합 4라는 조건을 충족시켜야 합니다. 3개 영역 합 4라는 말은 국·영·수·탐구 총 4개 과목 중에 잘 본 3과목의 등급을 합쳤을 때 그 합이 4 이하여야만 한다는 의미입니다. 예를 들어

국어 1등급, 수학 2등급, 탐구 1등급이라면 3개 영역 합 4라는 조건을 충족하게 됩니다.

가장 많은 대학에서 요구하는 조건이 3개 영역 합 4입니다. 이 조건을 요구하는 대학들은 카톨릭대(학종, 논술), 경희대(교과, 논술), 동국대 와이즈, 건국대 글로컬, 경북대, 부산대, 충남대(교과), 충북대(교과) 등입니다. 그런데 강남의 휘문고 정도를 제외하면 일반고 중에서 이 조건을 채우는 학생들이 한 학교에 4~5명 정도밖에 안 되는 것이 현실입니다. 모의고사 성적과는 다르게 실제 수능에는 정말 많은 N수생들이 포함되기 때문에 수능에서 최저 등급을 못 맞추는 현역들이 많습니다.

모든 대학을 통틀어서 가장 높은 최저 등급 기준은 전 영역에 최저 등급을 적용하는 대학입니다. 고려대(학종, 교과), 전북대(교과), 을지대(교과), 영남대(교과), 이화여대(학종), 카톨릭대(교과), 중앙대(논술), 연세대 미래캠퍼스(학종, 교과)등이 있습니다. 이 조건을 채우는 학생들은 한 학교에 1명 꼴로 아주 어려운 조건입니다.

아주대와 순천향대 교과 전형은 4개 영역 합 6입니다. 이 중간에 3개 영역 각 1등급 이내라는 기준을 제시하는 인하대(교과, 논술), 가천대(학종, 교과) 계명대(교과)가 있습니다. 그리고 연세대 본교가 학생부 종합 전형에서 국어, 수학 중 1개 과목을 포함하여 1등급 2개 이상이라는 조건을 요구하고 있습니다.

가장 널널한 유형은 3개 영역 합 6입니다. 일부 지역인재 전형에서 제시하는 최저 기준으로 원광대, 제주대 등이 있습니다. 주로 호남권에 있어 최저만 생각하면 전라남도로 이사 가는 게 답이라는 생각을 할 수도 있습니다. 그러나 최저가 널널한 만큼 내신 컷이 높아 내신 등급이 1.2 안에 들어야 합격이 가능합니다. 이 외에도 인제대 의대는 4개 전 영역을 보는데 각 영역 2등급 이상이라는 기준을 제시하고 있어 한 과목이 3등급만 떠도 불합격하게 됩니다. 겉으로는 아주 쉬워 보이지만 알고 보면 어려운 최저 등급을 유지하고 있습니다.

2028학년도에 통합 과목이 도입된 이후에는 최저 기준이 완화될까요? 실질적으로 탐구의 변별력이 떨어지는 만큼 의대는 최저를 높이려고 할 것으로 예상합니다. 그 이유는 크게 두 가지입니다. 첫째, 의대는 의대생이 되고 싶다면 수능 성적으로 실력을 증명하라는 요구를 유지할 것입니다. 둘째, 수능 성적을 제외하고 대학별 고사, 면접, 서류, 내신만으로 의대생을 선발하기는 현실적으로 어렵습니다.

이 두 가지 조건은 2028학년도 이후의 의대 입시에서도 변하지 않을 가능성이 높습니다. 2028학년도부터 내신은 9등급제에서 5등급제로 바뀔 예정이지만, 수능은 여전히 9등급 상대평가가 유지될 예정입니다. 게다가 의대 정원이 늘어난다고 하니, 대학들은 뛰어난 학생을 선발하는 기준으로 최저 등급을 높일 가능성이 큽니다. 수시든 정시든 의대 준비생에게 가장 중요한 건 수능이라는 말이 틀린 말은 아닌 셈입니다. 사실상 수시로 의대에 가려는 계획을 가지고 있더라도, 가장 중요한 건 수능이라는 생각을 잊으시면 안 됩니다.

문과생으로 의대 가기

지금은 수능에서 사회탐구와 확률과 통계 과목에 응시하는 문과생으로서 정시로 의대에 가는 방법은 거의 없습니다. 순천향대 의대가 문과생도 지원이 가능하지만, 수학 선택 과목이 미적분이나 기하가 아닌 경우 0.5등급을 하향 조정하고 탐구 과목이 과학탐구가 아닌 경우에도 0.5등급을 하향 조정합니다. 순천향대 의대 최저 학력 기준이 4개 영역 합 6 이내이니, 문과생이라면 4개 영역 합 5이어야만 조건을 충족하는 셈입니다. 이렇게 선발되는 학생들은 서울대 경제학과, 경영학과, 정치외교학과 등 인문계열 인기 학과를 버리고 순천향대 의대를 선택했을 것입니다. 그러나 사실상 이과에 백분위 가산점을 주기 때문에 쉽지 않은 길입니다. 이화여대 의대의 경우에는 6명을 사회탐구와 확률과 통계 선택자 중에서 뽑기 때문에 여학생은 조금 더 가능성이 있다고 볼 수 있습니다.

2025학년도를 기준으로 이화여대, 연세대, 성균관대, 중앙대, 경희대, 한양대 등이 정시에서 미적분이 아닌 확률과 통계를 선택해도 의대 지원이 가능하지만 여전히 서울대, 가톨릭대를 비롯해 전국 40개 의대 중 23개 의대가 여전히 미적분/기하 중 한 과목이나 과학탐구 선택 필수를 고수하고 있고, 일부 대학은 과학탐구 가산점을 줍니다.

이처럼 의대가 확률과 통계보다 미적분을, 생활과 윤리보다 생명과학을 더 선호하는 이유는 두 가지입니다. 첫째로는 그 과목들이 더 어렵기 때문입니다. 둘째로는 해당 과목들이 의대의 전공 적합성에 더 적합한 과목이라는 이유입니다. 고등학교 때 실험 한 번 하지 않고 책을 읽으며 문제집만 푼 문과 학생들은 의대 공부에 어울리지 않는다는 편견도 작용하고 있는 듯합니다.

2028학년도 개편안을 살펴보아도 문과생으로 의대 가기는 쉽지 않아 보입니다. 우선 수학 때문에 그렇습니다. 심화수학을 대부분의 의대가 필수로 지정할 것이 확실시되기 때문입니다. 이 과목을 따로 공부하기 위해서는 자신이 수학에 들이는 시간과 노력을 2배 이상 투자해야 하는데 현역으로 수시 학생부 종합 전형을 노리면서 수학은 심화수학까지 공부하기는 쉽지 않습니다. 물론 재수를 해서 따로 심화수학 공부를 하면 모르겠지만 현역 문과생으로 의대 가기는 여전히 어렵다는 전망이 가능합니다.

물론 현 정부는 문·이과 통합수능에서 이과에게 현저하게 유리한 구조를 바꿀 의지가 있습니다. 문과생도 1학년 전 과목 내신이 1등급이고, 2, 3학년 진로 선택 과목에서 생명과학이나 화학을 포함해 문·이과 과목을 고루 듣는 학생이라면 학생부 종합 전형에서 의대 합격의 가능성이 생길 수도 있겠지요. 그러나 결국 의대 입시에서 수학은 더 중요해질 것입니다. 문과생으로 의대 가기는 예나 지금이나 여전히 어렵습니다.

내신: 과목 선택이 중요하다

내신으로 의대 가는 전형

내신 성적으로 의대에 가는 방법은 총 두 가지입니다. 우선 의대 모집 정원 3,058명 중에서 약 900명을 선발하는 학생부 교과 전형입니다. 이 전형은 내신 성적 순으로 학생을 선발합니다. 그리고 학교에서 정한 수능 최저 등급의 조건을 충족시켜야 하지요. 지방 의대에서는 사실상 가장 많은 인원이 이 전형으로 선발됩니다.

그리고 내신 성적뿐 아니라 학생이 한 학교 활동, 동아리 활동, 진로 활동, 학급 회장 등 임원 활동, 수행평가, 선생님의 관찰까지 반영하는 학생부 종합 전형이 있습니다. 이 전형으로도 약 900명이 선발됩니다. 흔히 비교과 전형으로 알려져 있기도 합니다만, 내신 성적이 들어가지 않는 것은 아닙니다. 내신과 함께 학교 프로그램과 학생이 얼마나 성실히 학교 생활에 임했는지도 정성적으로 평가하기 때문에 내신 성적 외에 다른 요소도 필요한 것입니다. 그리고 논술 전형 역시도 성균관대를 제외하면 모든 대학들이 내신을 반영합니다.

2025학년도에 고등학교 입학하는 학생부터는 고등학교 3년 내내 모든 과목에서 5등급 상대평가를 적용받습니다. 1등급 10%, 2등급 24%, 3등급 32%, 4등급 24%, 5등급 10%입니다. 기존에는 4%였던 1등급의 비율이 10%로 늘어나면 변별력은 떨어질 수밖에 없습니다. 그렇다면 의대는 내신 성적으로 선발하는 교과 전형을 갈수록 줄이려고 하지 않을까요? 정답은 아닙니다. 대학은 다른 방식으로 교과 전형을 유지할 것입니다. 교과 전형도 기계적으로 내신 성적만 반영하지 않고, 선택 과목과 그 과목에서 선생님이 써 주신 세특까지 정성평가를 실시할 것으로 예상됩니다.

의과대학이 교과 전형을 선호하는 이유는 내신이 좋은 현역이 교과 전형에 유리하기 때문입니다. 의대 교수들은 내신이 좋은 현역 학생들을 성실한 학생이자 실력있는 학생으로 평가하는 경향이 있습니다. 재수생 중에도 내신이 좋은 학생이 있지만, 내신이 좋은 상당수는 현역일 때 수시로 의대에 합격했기 때문에 절대적인 인원이 많지 않습니다.

앞으로도 의대는 교과 전형을 줄이지 않고, 지금 경희대의 교과 전형과 비슷하게 내신 성적의 70% 정도를 등급으로 매겨 정량평가할 것입니다. 그리고 2, 3학년의 과목은 정량평가와 동시에 정성평가를 실시해 과목의 난이도, 선택자 수, 시험의 난이도 등을 따질 것입니다. 즉 교과 전형의 평가 방식이 바뀌는 것이지 교과 전형 자체가 폐지되지는 않을 거란 전망입니다.

고등학교 내신 관리와 과목 선택

여전히 성적만을 바탕으로 기계적 정량평가를 고수하고 있는 의대들도 있지만, 2028학년도에도 학생부 교과 전형이 남아 있다면 나머지 대학들도 고려대나 경희대처럼 정성평가적 요소를 학생부 교과 전형에 도입할 가능성이 높습니다. 교과 전형이 사실상 면접 없는 학생부 종합 전형으로 바뀔 가능성이 높다는 의미입니다. 그렇다면 교과든 종합이든 수시로 의대에 가려면 과목 선택이 너무나도 중요해질 수밖에 없습니다.

2025학년도 고등학교 입학생부터 적용되는 학교 교과목 편제를 보면 2학년부터 선택하는 사회탐구 과목은 세계시민과 지리, 세계사, 사회와 문화, 현대사회와 윤리로 정치와 법, 경제 과목이 사라집니다. 과학탐구 과목에서는 물리학Ⅰ, 화학Ⅰ, 생명과학Ⅰ, 지구과학Ⅰ에서 Ⅰ이 빠진 물리학, 화학, 생명

교과(군)	공통 과목	선택 과목		
		일반 선택	진로 선택	융합 선택
국어	공통국어1,2	화법과 언어, 독서와 작문, 문학	주제 탐구 독서, 문학과 영상, 직무 의사소통	독서 토론과 글쓰기, 매체 의사소통, 언어생활 탐구
수학	공통수학1,2 (기본수학1,2)	대수, 미적분I, 확률과 통계	기하, 미적분II, 경제수학, 인공지능수학, 직무수학	수학과 문화, 실용 통계, 수학과제 탐구
영어	공통영어1,2 (기본영어1,2)	영어I, 영어II, 영어 독해와 작문	영미 문학 읽기, 영어 발표와 토론, 심화영어, 심화 영어독해와 작문, 직무 영어	실생활 영어 회화, 미디어 영어, 세계문화와 영어
사회(역사/ 도덕 포함)	한국사1,2	세계시민과 지리, 세계사, 사회와 문화, 현대사회와 윤리	한국지리 탐구, 도시의 미래 탐구, 동아시아 역사 기행, 정치, 경제, 법과 사회, 윤리와 사상, 인문학과 윤리, 국제관계의 이해	여행지리, 사회문제 탐구, 금융과 경제생활, 윤리 문제 탐구, 역사로 탐구하는 현대세계, 기후변화와 지속가능한 세계
	통합사회1,2			
과학	통합과학1,2 과학탐구실험 1,2	물리학, 화학, 생명과학, 지구과학	역학과 에너지, 전자기와 양자, 물질과 에너지, 화학반응의 세계, 세포와 물질대사, 생물의 유전, 지구시스템과학, 행성 우주과학	과학의 역사와 문화, 기후변화와 환경생태, 융합과학 탐구

2022 개정 교육과정 교과목 편제 (안): 2025년-
출처: 교육부, 2028 대학입시 제도 개편 시안, 2023

과학, 지구과학만 일반 선택 과목으로 지정됐습니다.

만약에 정시가 아니라 수시 학생부 종합 전형이나 교과 전형을 위해 과목 선택을 해야 한다면 의대 희망생들은 어떻게 하는 것이 좋을까요? 국어의 경우 의사들에게 중요한 것은 의사소통 능력입니다. 따라서 의대에서는 국어 과목을 의사소통 능력과 문해력으로 이해합니다. 그렇다면 국어에서 절대 유리한 과목은 화법과 언어입니다. 수능과 전혀 상관없는 진로 선택 과목 중에서는 주제 탐구 독서 과목을 통해 독서력과 인문학적 소양을 확인하려고 할 가능성이 높습니다. 국어는 융합 교육이 특히 중요한 만큼 융합 선택 과목에서도 독서 토론과 글쓰기를 선택하는 게 좋겠습니다.

수학에서는 이과 과목이던 기하가 빠지고 문·이과가 모두 공부하는 공통수학 과목인 미적분Ⅰ과 대수, 그리고 문과 과목이던 확률과 통계까지 수능 과목이 됩니다. 그러나 의대는 수능 범위는 아니더라도 과목의 난이도가 높은 진로 선택 과목의 미적분Ⅱ를 이수하기를 원할 겁니다. 2028학년도 수능에서부터 미적분의 난이도는 낮아질 수 있지만, 그렇다고 내신 과목을 선택할 때 미적분을 등한시해서는 안 된다는 의미입니다. 또한 의대는 수능에서 절대평가로 치러질 심화수학(미적분Ⅱ+기하)을 최저에 포함하거나 정시에 가중치를 줄 것이 확실합니다. 따라서 의대 희망생은 수능 영역과는 상관없이 고등학교에서 미적분Ⅱ과 기하 과목을 선택하는 게 유리합니다. 그리고 의대에서 인공지능이 갈수록 중요해지는 걸 고려하면 인공지능수학도 유리합니다.

의대에서 콕 집어서 요구하는 영어 과목은 없어 보입니다. 그러나 영어에서 의대가 절대적으로 원하는 능력은 독해력입니다. 영어 독해와 작문에서 영어 성취도는 100점에 가까울 수록 유리할 것입니다. 또한 세특을 어떻게 쓰느냐가 중요해지는 만큼, 미디어 영어 과목을 수강해 미국 의사들이 많이 이용하는 의학 뉴스 사이트 메디스케이프*나 영어로 된 의학 논문을 볼 수 있는 퍼브메드** 등을 이용한 사례를 세특에 쓰면 좋은 평가를 유도할 수 있습니다.

사회는 윤리 문제 탐구 과목이 유리해 보입니다. 결국 의사들은 무엇보다 도덕성이 좋아야 하고 윤리에 대한 관심과 생각을 생활기록부에 녹여 낼 필요성이 있기 때문입니다. 기후변화와 지속가능한 세계 과목 역시 환경과 보건에 대한 관심을 동시에 드러낼 수 있습니다.

과학에서는 무엇을 기대할까요? 의학과 직접적으로 관련이 있는 생명과 유전 과목은 필수입니다. 그 다음으로 강조하는 과목은 세포와 물질대사, 화학 반응의 세계입니다. 결국 화학과 생명과학이 의대에서 더 중요하다는 걸 의대 교수들도 잘 알고 있기 때문입니다. 운동이 워낙 건강에 중요한 만큼 역학과 에너지도 의대에서 기대하는 과목일 것이고 전자기와 양자 또한 의대가 기대할 만한 과목입니다. 융합 선택 과목 중에서도 과학의 역사와 문화를 선택해 의학의 역사와 질병의 역사를 탐구한 내용을 세특에 쓰면 좋은 평가를 받을 것입니다. 기후 변화와 환경 생태 과목에서는 환경과 관련된 각종 질병을

조사하는 것도 도움이 되겠지요.

수시 합격 내신 커트라인

2024학년도를 기준으로 의대 입시 전형 중에서 가장 많은 인원을 뽑는 학생부 교과 전형의 미래를 살펴보겠습니다. 2024학년도에는 교과 전형으로 909명, 학생부 종합 전형으로 847명, 논술 전형으로 116명, 정시로 1,144명을 선발할 예정입니다.* 2025학년도에는 미세조정이 발생하는데, 학생부 교과 전형 모집 인원이 913명, 학생부 종합 전형 모집 인원이 905명으로 늘어납니다. 수치를 살펴보면 학생부 종합 전형 모집 인원이 크게 증가한 것을 확인할 수 있습니다. 이 기세라면 2028학년도에는 학생부 종합 전형 선발 인원이 분명 1,000명을 넘길 것입니다. 전체 3명 중 1명을 학생부 종합 전형으로 뽑는 미래죠. 학생부 교과 전형보다는 학생부 종합 전형을 대비하는 것이 더 현명해 보입니다. 의대는 정부가 나서서 제제하지 않는 한 계속해서 학생부 종합 전형 선발 인원을 늘릴 것입니다. 의대 수시는 곧 학생부 종합 전형이라는 말이 성립하는 셈입니다.

제가 상담 중에 가장 많이 받는 질문이 '내신 등급이 1.2인데 어느 의대 교과 전형에 가능할까요?'라는 질문입니다. 그런데 앞으로는 어느 의대도 1.2라는 내신 등급으로는 학생부 교

---

*　한국대학교육협의회, '2024학년도 대입정보 119', pp.288~289, 2022

과 전형에서 합격하기 어렵습니다. 내신 1.2등급은 3학년 1학기까지 각 학기 당 2등급이 한 과목 정도가 나왔다는 의미인데, 1등급이 10%로 늘어나게 되면 2등급 자체를 허용하지 않게 될 것이기 때문입니다. 전 과목 1등급인 학생의 비율이 증가하게 될 것도 당연한 수순입니다. 그렇다면 내신 성적이 1.2등급인 학생은 훨씬 많아집니다. 선발 인원이 900명 대인 의대 교과 전형에서는 내신 등급 1.0이나 한두 과목 정도만이 2등급인 수준이 아니라면 지원 자체가 무의미해지겠지요. 물론 교과 전형이 오직 교과 등급 순으로 줄 세우기가 유지될 경우의 이야기입니다. 만일 내신 등급만으로 변별이 어려워진다면 대학은 내신 성취도만 보지 않고 세부 특기사항도 보려고 할 것입니다.

지금도 성적표에는 2학년 때부터 듣는 전문 교과 과목의 등급만 표시되지 않지 과목 평균과 각 성취도 분포 비율이 제시되고 있습니다. 실제 2023년 고등학교 3학년 학생의 2학년 학생부 내신 성적이 어떻게 기재되고 있는지 살펴보겠습니다.

학기	교과	과목	단위수	원점수/ 과목평균	성취도 (수강자수)	성취도별 분포비율	비고
1	수학	기하	2	92/63.60	A(98)	A(28.6) B(32.7) C(38.8)	
2	수학	기하	2	94/64.90	A(97)	A(37.1) B(23.7) C(39.2)	

이 학생은 1학기보다 2학기 점수가 더 높은데, 2학기에 공부를 더 잘한 걸까요? 그렇지 않습니다. 1학기의 과목 평균이 2학기보다 낮고 성취도 A의 비율도 1학기가 더 적습니다. 입학 사정관들은 이 성적표만 보고도 이 학생이 아주 우수한 학생이며, 등급으로 전환해도 충분히 1등급을 받을 수 있으리라고 파악할 수 있습니다.

결론적으로 2028학년도 입시부터는 주변에서 '내신 몇인데 어느 의대 갈 수 있어요?'라는 질문 자체가 사라질 것입니다. 일반고를 기준으로 1학년 때 2등급이 1개라도 나오는 학생이라면 2학년 때부터 수시를 포기하고 수능과 수학에 올인할 가능성이 높습니다. 대신 1학년 때 전 과목에서 1등급을 성취한 학생들은 본인이 의대를 꿈꾸지 않아도 자연스럽게 자신의 미래가 의대로 향해 갈 것입니다.

비교과: 생활기록부를 강화하라

대한민국에서 내신 성적과 수능 성적 없이 오로지 비교과만 반영해 의대를 가는 전형은 없습니다. 많은 학부모들이 학생부 종합 전형을 비교과 전형으로 오해하지만 학생부 종합 전형도 실제로 가장 중요한 건 내신입니다. 다만 2028학년도 입시부터는 내신의 변별력이 약해져 학생부 종합 전형에서 비교과의 중요성이 좀 더 커질 전망입니다.

의대는 학생부 종합이라고 불리는 비교과 전형을 좋아하기는 해도 내신과 분리된 비교과 활동, 즉 창의적 체험 활동으로 불리는 자율 활동, 동아리 활동, 진로 활동보다 내신과 연계된 비교과 활동인 세부능력 및 특기사항을 좀 더 꼼꼼히 볼 가능성이 높습니다. 서울대가 정시에서 하듯이 내신과 세특을 동시에 반영하는 방안으로 학생부 종합 전형도 변질될 가능성이 있지요. 자율 활동, 동아리 활동, 진로 활동은 모두 합쳐 봐야 1년에 1,700자입니다. 그러나 세특은 한 과목 당 500자로 1년에 10과목을 들으면 5,000자의 분량이 나옵니다. 대학으로서는 평가하기 더 좋은 게 세특일 수밖에 없습니다. 앞으로는 진로 선택 과목과 일반 선택 과목에서 학생의 과목 선택 이유, 관심사, 특기 등을 선생님의 시각에서 써 준 세특이 각광을 받을 겁니다. 공교육을 살린다는 명분도 있기 때문에 2028학년도에는 대학들이 지금보다 더 많은 인원을 학생부 종합 전형으로 뽑을 것입니다.

의대가 선호하는 생활기록부

2028학년도 이후에도 수시에 반영되는 생활기록부의 마감은 8월 31일로 기존과 동일합니다. 원래 논의안 중에는 수시·

정시 통합안도 있었지만, 그것이 물 건너가면서 수시는 3학년 1학기까지의 성적과 비교과를 보게 되었지요. 저는 올해도 의대를 희망하는 학생들의 학교생활기록부를 많이 보았습니다. 학생들은 자소서가 사라지면서 생활기록부에 그 어느 때보다 많은 공을 들였습니다. 2024학년도에 의대를 가고자 했던 학생들은 생활기록부를 어떻게 작성했을까요?

모델 이름명	유형	사례	학생부에서 발견되는 비중
모델 1	인문 사회 과학 통합형	질병의 기적+질병의 사회적 이해+그 질병에 대한 환자의 태도	전체 40%
모델 2	생명과학 화학 융합형	암세포의 특성과 일반 세포와 비교	전체 30%
모델 3	수학 과학 통합형	MRI에 사용되는 퓨리에 급수	전체 20%
모델 4	생명과학 컴퓨터 공학 융합형	스마트 헬스케어 시장에서 웨어러블 기기의 가능성	전체 10%

의대에 진학하는 학생들의 생활기록부 모델

올해 생활기록부는 대치동 마약 파동 때문인지 마약 이야기 그리고 중독과 관련된 뇌 질병이 자주 보였습니다. 전통적으로 생활기록부 인기 주제였던 3대 질병 암, 당뇨, 치매도 많이 발견되었습니다. 의대 희망생들의 생활기록부는 대부분 질병에 관한 탐구이자 미니 보고서와 같이 되어 버린 것입니다.

이렇게 생활기록부가 질병 보고서 요약판이 되어버린 데에는 자소서의 폐지와 더불어 외부 봉사 활동의 미반영 그리고 학교 바깥에서 한 모든 활동, 심지어 독서까지 모두 금지시켜 버린 지난 정부의 업적 아닌 업적 때문이기도 합니다. 게다가 고등학교 3년의 교과과정 중에는 생명과학 외에 질병을 다루는 학문이 따로 없습니다. 그럼에도 지난 3년 동안 주로 생활기록부가 전염병과 감염병에 대한 이야기로 가득 찬 학생들이 의대 학생부 종합 전형으로 선발되었으니, 학생들은 앞선 합격자들을 따라 수업에서 배운 내용을 최대한 의대와 관련있는 질병과 연계하느라 많은 시간을 보낸 것입니다.

학생들이 이렇게 할 수밖에 없는 가장 큰 이유는 어느 의대도 학생들에게 어떤 활동이 전공 적합성에 맞는지, 그리고 의대가 필요로 한 진로 역량이 무엇인지에 대해서 알려준 바가 없기 때문입니다. 그저 합격한 학생들의 사례를 통해서 추론해 낸 결과입니다. 따라서 질병 중심의 생활기록부는 학교 선생님의 의지라기보다는 의대를 희망하는 최상위권 학생과 학부모 그리고 의대를 전문으로 하는 컨설턴트들이 함께 만들어 낸 결과라고 해석해도 무방합니다.

물론 의대 교수들이 생활기록부에서 질병을 읽고 싶어하고, 기초 의학을 연구할 미래 연구 인력을 좋아한다고 판단하는 것도 당연한 일입니다. 그러나 의대에서 개최하는 설명회에서는 어떤 의대도 질병, 특히 가능하면 다른 생활기록부에서 발견하기 힘든 희귀한 질병에 대한 연구로 생활기록부를 채우라고 조언한 적이 없습니다. 무엇이 좋은 생활기록부인지에 대해 그 어떤 공식적인 의견도 없으니 소문만 난무합니다. 일부 의대 전문 생활기록부 컨설팅 학원에서는 의대에서 학생들이 정확도와 타당도, 민감도를 구분하지 못한다는 이유로 학생을 떨어뜨린다는 이야기까지 하고 있습니다.

생활기록부를 관리할 때는 의대 학생부 종합 전형의 평가자에 의대 교수만이 아니라 입학사정관까지 있다는 점을 고려해야 합니다. 입학사정관을 고려하지 않고 모든 내용을 현직 의대 교수의 관점, 의대 교수들이 호기심을 가질 만한 질병 이야기로 채우는 건 과유불급입니다. 입학사정관은 가능하면 넓게 보려고 할 것입니다. 화학이나 생명과학뿐 아니라 한국사, 국어, 영어, 사회, 심지어 미술, 체육, 음악 과목까지도 세부 특기사항에서까지 질병 이야기를 가득 담은 생활기록부는 입학사정관은 물론 의대 교수들도 심하다고 생각해 좋게 평가하지 않습니다.

입학사정관이나 의대 교수들이나 고등학생의 기록이라는 관점에서 학생부를 평가한다는 제한 조건을 분명히 기억해야 합니다. 그런 점에서 여러분들의 자녀가 고등학교에 진학한 이후에는 생활기록부에 환자들의 이야기가 조금 더 적극적으로 드러날 수 있도록 최대한 노력하는 것이 좋습니다. 입학사정관이나 의대 교수들은 MMI 면접뿐만이 아니라 서류평가 단계에서도 학생들이 환자가 느낄 고통과 감정, 그리고 환자라는 사람에 대해 관심을 가지고 있는 모습을 보고 싶어 합니다. 동아리 활동이나 진로 활동 시간에 관련된 책이나 영화를 보고 기록을 해도 좋고, 가능하다면 과목 수행평가 주제로도 환자에 대한 이야기를 선정하여 수행하는 것도 과목 세특에 기록하기 좋겠지요.

의대는 질병 중심이 아닌 인간 중심적인 학생부를 원할 수 있습니다. 사실 인간이란 존재 자체가 환자입니다. 지금처럼 학생부에 환자를 빼고 질병만 잔뜩 적을 경우 나는 환자를 질병의 집합체로만 보고 있다는 말을 에둘러서 하게 되는 셈입니다. 스스로가 환자 이전에 인간을 이해하고 모든 인간을 인격체로 대우하는 존재임을 보여 줄 필요가 있습니다. 그 방법은 진로 활동부터 세특까지 모두 질병으로 채우는 생활기록부보다는 과목의 특성에 맞고 인간미가 느껴지는 생활기록부를 작성하는 방법일 것입니다. 힘들더라도 질병 이야기만으로 생활기록부를 채우는 방법에서 벗어나 질병과 환자 그리고 의료 시스템 등 더 넓은 사고로 의대 전공 적합성을 보여 주는 생활기록부를 만들어야 합니다.

중학교 학부모들도 고교 블라인드 평가를 들어본 적이 있을 것입니다. 고교명, 지역명 심지어 학생 이름도 가려 학생에 대해서 아무것도 모른 채 서류평가를 하는 방식입니다. 학생부 종합 전형이 실은 고등학교의 수준에 따라 학생을 차별해서 선발하는 고교등급제가 아니냐는 국민 다수의 의혹에 대해서 교육부가 이를 원천적으로 차단하겠다는 뜻으로 2021학년도 입시에서부터 실시하고 있습니다.

그런데 놀라운 사실은 블라인드 평가가 실시된 2021, 2022, 2023학년도 입시에 특목고, 자사고, 영재학교, 학군지 명문고의 수시 학종 합격생 비율이 크게 달라지지 않았다는 것입니다.[*] 블라인드 평가는 허울이고, 대학들이 실제로는 출신 학교를 알고 학생을 평가한 결과일까요? 아니면 정말 대학들이 내신만 보는 게 아니라 비교과까지 꼼꼼히 보기 때문에 벌어진 걸까요?

아마 둘 다일 가능성이 높습니다. 함께 일했던 동료 중에 전 입학사정관이 있었는데, 그 분은 고교명이 가려져도 출신 학교를 어느 정도 유추할 수는 있지만 확실히 알 수는 없다고 말하며 서로 같은 학교인 줄은 파악이 가능하지만 그 학교가 아주 유명한 학교가 아닐 경우 이름까지는 모를 수 있다고 덧붙였습니다. 소문처럼 학생의 성적을 일일이 학교 알리미에 넣

* 신현지, '[2028개편이후] 일반고 죽이는 역풍 '서류 블라인드' 폐지해야', 베리타스알파, 2023.10.20, https://www.veritas-a.com/news/articleView.html?idxno=477261

어 대조해 본 뒤 학교명을 찾아서 평가할 시간과 인력 또한 충분치 않다는 것입니다.

그런데 2028학년도 입시부터는 고교 블라인드 평가가 사라질 가능성이 있습니다. 일반고에서 다수의 피해자가 나오고 있기 때문입니다. 예를 들어 블라인드 평가가 시행될 때에는 학생이 물리Ⅱ를 수강하지 않은 이유가 학교에 개설되지 않아서인지, 아니면 스스로 선택하지 않은 것인지 알 수 없었습니다. 그러나 고교 블라인드 평가가 폐지된다면 그 이유를 알 수 있게 되어 좀 더 정확한 평가가 가능하겠지요.

강남의 학부모들을 비롯해서 학생부 종합 전형에 비판적인 학군지 일반고 혹은 광역 자사고 학부모들은 학생부 종합 전형이 무조건 전국 단위 자사고나 영재학교, 과학고, 외고에게 유리한 전형이라고 말합니다. 여태까지는 전혀 그렇지 않다고 단언하기 어려웠습니다. 그러나 2024학년도 입시부터는 소논문, 외부 인턴십, 자격증, 경시대회 등이 반영되지 않는다는 점을 고려하면 앞으로는 학생부 종합 전형에서 영재학교 학생이든, 전국 단위 자사고 학생이든, 일반고 학생이든 동일한 조건에서 학생부 평가를 받게 될 것입니다.

저는 고교학점제가 정착이 된 후 첫 입시인 2028학년도 입시에서 일반고가 수시에 크게 고전할 것이란 일반적인 예측에 동의하지 않습니다. 일반고에서도 만약 원하는 과목, 의대가 환영할 과목이 개설되지 않으면 인근의 거점학교로 이동해 수업에 참여할 수 있는 기회가 주어지기 때문입니다. 즉 영재학교와 전국 단위 자사고는 이미 고교학점제를 실시하고 있었으니 시간적으로 앞서 있다는 장점이 있는 것이지, 시간이 지나면 일반고도 충분히 따라잡을 수 있습니다. 그래서 2028학년도 입시에서 영재학교, 특목고, 자사고와 일반고 간의 격차가 더욱 벌어질 것이라는 생각은 섣부른 결론입니다. 또한 일반고에서도 열성적으로 세특과 창체 활동을 적어 주시는 좋은 선생님을 만난다면 더욱 의대 합격 가능성이 높아집니다. 학생들의 진로와 관련해서 자주 소통하고, 학생들의 생활기록부를 잘 관리해 주려고 하는 선생님을 만난다면 일반고라고 해서 입시에서 불리할 이유가 없습니다.

입시 제도의 변화와 함께 학생부 종합 전형의 평가 방식도 변화할 것입니다. 갈수록 자율 활동, 동아리 활동, 진로 활동이 포함된 창의적 체험 활동의 비중은 줄어들고 과목별 선생님이 써 주시는 세부 특기사항이 더 중요해질 것입니다. 의대가 원하는 세특은 분명합니다. 이 세 가지의 답을 써달라는 요구입니다. 단 세 가지 질문입니다.

1. 이 학생이 왜 우수합니까?
2. 이 학생이 이 과목에서 잘한 부분이 무엇입니까?

3. 이 학생이 이 과목에서 가장 관심 있어 하는 부분이 어디인가요?

논술: 의대 논술의 부활 가능성

생활기록부와 마찬가지로 내신과 수능 성적을 반영하지 않고 오로지 논술 성적만 반영하는 전형은 없습니다. 의대에서 논술 전형에 대한 신뢰가 그리 높지 않기 때문입니다. 의대 논술 전형은 간단히 말하자면 수학 시험과 다를 바가 없습니다. 수능 수학의 어려운 문제보다 더 어렵고 시간이 많이 걸리는 문제 3~4개의 답과 풀이 과정을 모두 평가하는 시험입니다.

논술 전형을 실시하는 대학 중에서도 오로지 수리 논술만 보는 대학으로는 성균관대, 가톨릭대, 중앙대, 인하대, 부산대가 있습니다. 연세대 미래캠퍼스, 경희대, 아주대는 수리 논술 필수에 과학 논술은 선택 과목 중 한 과목을 선택해 응시하는 방법으로 논술 전형을 운영합니다. 그런데 2024년에 공개될 2028학년도 수능 예시 문항에서 통합과학이 변별력이 없다고 생각하면 대학들은 수학뿐 아니라 물리, 화학, 생명과학, 지구과학까지 시험 과목으로 채택할 가능성이 높습니다. 그리고 2024학년도에는 전체 선발인원 3,058명 중 116명에 불과한 논술 전형 인원도 2028학년도 이후에는 조금 더 늘어날 가능성이 있습니다.

논술 전형의 방향과 대비법

2024학년도 수시에서도 의대 논술 전형은 높은 경쟁률을 기록했습니다. 수도권 의대 중에서는 중앙대가 203대 1로 가장 낮았고, 인하대가 688대 1로 가장 높았습니다.[*] 이렇게 높은 경쟁률이 나오는 이유는 적은 선발 인원에 있습니다. 중앙대는 19명을, 인하대는 겨우 5명을 선발하기 때문입니다.

의대 논술 전형은 선발 인원이 매우 적습니다. 전국 의대의 논술 전형을 모두 합쳐도 선발 인원이 100명 남짓입니다. 논술 전형으로 학생을 선발하는 대학도 2024학년도 기준으로 메이저 의대 중에 가톨릭대와 성균관대, 인서울 의대 중 중앙대와 경희대, 수도권 의대 중 인하대와 아주대, 지방 거점 국립대 의대 중 부산대와 경북대, 지방 사립대 중 연세대 미래캠퍼스가 전부입니다. 이 중에서 부산대 의대 논술 전형은 오직 부산, 울산, 경남 지역 학생들만 지원할 수 있습니다.

게다가 모든 의대는 논술 성적만으로 학생을 선발하지 않습니다. 연세대 미래캠퍼스, 성균관대, 경희대 세 대학은 논술 성적 100%에 수능 최저 등급을 적용해 뽑습니다. 나머지 대학은 논술 성적과 내신 성적을 합산하고 수능 성적을 최저로 적

---

[*] 정석진, '2024학년도 '의치한약수' 논술전형 경쟁률 순위', 에듀진, 2023.09.21, http://www.edujin.co.kr/news/articleView.html?idxno=43761

용해 학생을 선발합니다. 결국 논술만 잘해서는 안 됩니다. 수능도 잘해야 하며 내신도 나빠서는 안 됩니다. 논술 전형에 내신을 반영하는 의대 합격자의 평균 내신 성적은 2등급 초중반으로, 3등급이 넘어가면 합격 확률이 급격히 떨어집니다. 내신 성적이 어느 정도 영향력을 발휘한다는 점이 분명하지요.

2025학년도를 기준으로 경희대, 아주대, 연세대 미래캠퍼스 총 3개의 대학에서 수리 논술과 과학 논술을 같이 보지만, 대부분의 의대는 수학 논술을 위주로 하기 때문에 의대 논술은 수학 본고사라고 생각해도 틀리지는 않습니다. 그렇다면 수학을 얼마나 잘해야 합격할 수 있을까요?

제 제자의 경우입니다. 600대 1이 넘는 성균관대 논술을 치르고 답안이 너무 생생하게 생각나 복기를 했다고 합니다. 최저 등급 기준도 넘겼고, 수리 논술 학원 선생님께도 기대해도 좋다는 말을 들어 합격할 줄로만 알았답니다. 그런데 수시 합격자 발표 날 합격자 명단을 열어 보니 불합격으로 뜨더라는 것입니다. 나중에 대학이 예시 답안을 발표해서 자신이 복기한 답안과 비교해 보니 마침내 그 이유를 알 수 있었다고 합니다. 마침표를 하나 빼먹었다는 것입니다. 이 말은 논술 전형으로 의대에 합격하기가 얼마나 어려운지 말해주는 사례입니다.

현재 중학교 2학년 학생과 학부모가 벌써부터 수리 논술을 고민하는 경우는 거의 없을 것입니다. 그러나 고등학교에 올라가서 수학 실력에 비해 국어와 영어 성적이 안 나오는 학생들, 일반고에서 내신이 1.5등급이 넘어가거나 전국 단위 자사고에서 3등급이 넘어가는 학생들은 현실적으로 의대에 가기 위해서는 수시 논술 전형을 쓸 수밖에 없는 상황이 벌어집니다.

2028학년도 입시에서 의대 논술이 대폭 늘어날 가능성은 드뭅니다. 그러나 기존의 수리 논술 100%에서 수리 논술 + 물리, 화학, 생명과학 논술 중 한 과목 선택이라는 방식으로 논술 시험의 유형이 바뀔 가능성은 높습니다. 혹은 생명과학을 필수로 지정할 수도 있습니다. 논술 고사를 보지 않는 대학들이 의대 입시에서 논술 전형을 신설할 가능성도 있습니다. 한양대, 울산대, 연세대, 고려대 등 전에 논술 고사로 의대생을 뽑은 경험이 있는 대학들이 의대 논술 전형을 부활할 가능성이 높은 대학입니다. 그렇다면 논술 전형의 숫자가 대폭은 아니더라도 지금보다는 늘어날 가능성이 있습니다.

수리 논술을 잘하려면 수학도 잘해야 하고 마음가짐도 정성스러워야 합니다. 내가 쓴 답안지를 의대 교수들이 읽는다는 점에서 나는 자소서를 쓰고 있다고 생각하라는 조언도 있을 정도입니다. 그리고 수능 수학을 공부하며 어려운 문제를 풀 때 반드시 풀이 과정을 글로 쓴 뒤 답안과 비교해 보는 연습도 해야 합니다. 오답 노트를 잘 만드는 학생일수록 논술 전형에서 합격할 확률이 높아집니다.

아직 과학 논술의 실시가 확정된 건 아니니, 초·중등에서는 수학에 많은 시간을 투자하고 수학 오답 노트 작성법을 제대로 익힌다는 정도로 대비하면 충분할 것입니다.

지역인재: 의대 입학의 지름길

지역인재 전형은 서울, 경기, 인천 외의 지역에 위치한 의대가 정원의 일정 비율을 해당 지역의 고등학교 졸업생으로 채우는 전형입니다. 가산점을 주는 게 아니라 아예 그들끼리 경쟁하는 시스템이지요. 당연히 무시무시한 서울 학생과 경쟁하지 않는 지역인재 전형 합격생들의 수능 성적은 다른 전형 학생들에 비해 낮고, 경쟁률도 낮습니다. 즉 이 전형은 농어촌 지역에만 거주하는 학생에게 지원 자격을 부여하는 농어촌 전형과 같은 방식이라고 생각하시면 됩니다.

지방의 이점

사실 의대 설명회 때마다 하는 말이 있습니다. 자신이 사는 지역이 어디냐에 따라 내 자녀가 갈 수 있는 의대 전형은 정해져 있다는 말입니다. 현실적으로 목표가 의대라면 서울, 경기, 인천에 사는 것보다 지방으로 내려가는 것이 답입니다.

2025학년도에서 서울과 경기 지역을 제외한 지방 의대의 지역인재 전형 모집 정원은 1,068명입니다. 그 중에서 221명을 정시로, 847명을 수시로 선발합니다. 지방 의대의 전체 모집 인원이 1,981명인 것을 감안하면 평균적으로 전체 정원의 50%이상을 지역인재 전형으로 선발하고 있는 것이 현실입니다.[*]

즉 서울·경기 학군지에 사는 학생이라면 수시든 정시든 지방 의대를 가는 길은 더 어려워졌습니다. 현 정부는 지난 정부가 시도한 입시 정책인 고교학점제와 지역인재 전형을 축소하거나 건드릴 생각이 전혀 없습니다. 정치 성향을 떠나서 취지가 좋고, 교육적으로 옳으며 표심에도 긍정적으로 작용하기 때문입니다.

지방 의대의 중도 탈락률이 높다는 문제가 있긴 하지만, 지방 의대의 중도 탈락률은 서울에 있는 의대로 오려고 다시 한 번 수능을 보는 서울 출신 지방 의대 학생들이 가장 큰 원인입니다. 따라서 지방 의대는 중도 탈락률을 줄이고, 졸업 후에도 지방에서 일하며 네트워크를 계속 유지하려는 목적에서 지역인재를 더 늘리면 늘렸지 줄일 생각이 없습니다.

이런 분위기에서는 초등학교 때까지 지방에 살다가 고등학교 때 대치동에 올라오는 대치동 전세족도 그만큼 고민이 늘어날 수밖에 없습니다. 서울대가 목표라면 모르겠지만 어느 대학이든 의대가 목표라면 지방에 그대로 있는 것이 유리하다는

---

[*]   조혜연, '2025의대 지역인재 53.9% '확대'.. 동아대 89.8% '최고' 부산대 전남대 각 80%', 베리타스
      알파, 2023.11.09, https://www.veritas-a.com/news/articleView.html?idxno=480510

것을 자연스럽게 알게 되기 때문입니다. 실제로 대치동에 살다가 부산 센텀시티로 이사를 가 일반고나 광역 자사고인 해운대고를 다녀 내신을 챙긴 뒤, 지역인재 전형으로 부산대 의대를 노린 학부모 케이스도 있습니다. 지역인재 전형을 통한 탈대치동과 지방 균형 발전은 강남을 제외한 모두에게 이로운 제도이기 때문에 명분적으로도 정치적으로도 이를 되돌릴 이유가 없습니다.

지역인재 때문에 서울·경기 학생들이 역차별을 받고 있다는 것은 사실일까요? 그렇지 않습니다. 서울권 의대나 경기권 의대에서는 여전히 수도권 학생을 압도적으로 많이 뽑기 때문입니다. 서울권 의대 학생부 종합 전형에서는 수도권 학교 내신 상위권 학생들의 합격률이 갈수록 높아지고 있습니다. 서울대, 성균관대, 가톨릭대, 고려대, 한양대처럼 학군지 학교를 선호하는 대학은 명문학군 고등학교의 합격률이, 경희대처럼 학군지 비학군지를 가리지 않는 학교에서는 서울 일반고등학교의 합격률이 높아지고 있습니다. 결국 선택의 문제입니다. 목표가 의대 그 자체냐 혹은 서울권 의대냐에 따라 내가 이사 갈 지역이 결정된다고 할 수 있겠습니다.

농어촌 지역 선택

2024학년도 서울대 의대 수시의 가장 큰 특징은 일반고 고 3만 지원 가능한 지역 균형 전형과 특목고, 자사고, 학군지 일반고가 선호하는 일반 전형이 지난 해에 비해 각각 3명씩 줄어 39명, 50명을 선발했다는 점입니다. 줄어든 6명은 어디로 갔을까요? 답은 농어촌 전형이라 불리는 기회 균형 특별 전형입니다. 작년까지는 농어촌 전형 거주자와 농어촌 지역 학교의 재학생, 졸업생만이 지원할 수 있었던 기회 균등 전형의 대상을 저소득 학생, 국가 보훈 대상자, 서해 5도 학생, 자립지원 대상 아동까지로 넓히고, 선발 인원도 전년도 1명에서 7명으로 대폭 확대됐습니다.[*] 1명을 뽑을 때는 18명이 지원했는데 7명을 선발하는 2024학년도 수시에서는 120명이 지원해 17.14 대 1이라는 놀라운 경쟁률을 보였습니다.[**] 이들 중 80% 이상은 농어촌 지역 학생으로 추정됩니다.

농어촌 지역 전형의 지원 기준을 충족하려면 고등학교만이 아니라 중학교 때부터 6년을 농어촌 지역에 거주해야 합니다. 그런데 이 농어촌 전형에 지원하기 위해 실제로 서울의 잘 사는 사람들이 지방으로 내려가기도 합니다. 경기도에는 남양주, 광주, 포천, 파주 등 도시 일부가 농어촌에 해당하는 도농복합시가 있습니다. 이들은 주로 이곳에 거주하면서 대학의 농어촌

---

[*] 서울대학교, 2024학년도 대학 신입학생 수시모집 안내, 2023.
[**] 서울대학교, 2024학년도 서울대학교 수시 모집 지원서 접수현황, 2023.

전형을 노립니다. 적게 선발하지만 같은 농어촌 학생들끼리 경쟁하면 교과, 비교과, 수능 최저 모두 유리할 수 있다는 판단에 서입니다.

실제 농어촌 전형으로 서울대 의대 및 의대에 합격하는 학생들의 수능 성적은 일반고나 자사고 학생과 경쟁하는 전형에 비해 상당히 낮습니다. 많은 대학이 기회 균등 전형만큼은 수능 최저를 설정하지 않아 수능 등급이 5등급이 나와도 내신만 좋으면 얼마든지 합격할 수 있습니다. 지방대 의대는 기회 균등 전형에도 조금 완화된 최저등급 기준을 적용하기도 합니다. 그러나 이 최저를 맞히는 학생들의 부재로 선발하지 못한 인원을 정시로 이월해 선발하고 있습니다.

몇 년 전 연세대가 특기자 전형을 유지하고 있을 때, 서울대 의대 기회 균등 전형의 1단계를 통과하고 최종적으로 연세대 의대 특기자 전형에 합격한 학생을 만난 적이 있습니다. 내신은 전 과목 1등급이었고 생활기록부는 실험으로 도배를 해서 전국 단위 자사고나 영재학교 못지않을 정도로 좋았습니다. 이 사례를 보면 농어촌 전형으로 주요대 의대에 가려는 학생들은 수능 대신 완벽한 내신 성적을 만들고, 수능 공부를 할 시간에 비교과에 투자해 생활기록부를 풍성하게 꾸미는 것이 유리하다는 점을 알 수 있습니다.

어차피 의대를 위해 지방에 내려가는 김에 아예 농어촌으로의 이사를 고민하시는 분들에게 이 말씀은 꼭 드리고 싶습니다. 농어촌에서는 내신 따기가 유리하고, 학교 선생님들은 아예 학생들에게 생활기록부를 맡기는 스타일이라 생활기록부 컨설팅을 받아 비교과를 풍성하게 꾸밀 수는 있습니다. 그러나 학업 분위기나 학원까지의 거리 등을 생각하면 수능 준비에는 확실히 불리할 수밖에 없습니다. 세상 모든 것은 얻는 것이 있다면 잃는 것도 있는 법이니 무작정 농어촌으로 가기보다 자녀가 내신과 수능 중에 어디에 더 강한지 등 아이의 성향과 상황을 잘 살피어 선택하는 태도가 필요합니다.

의대 공부는 유전자가 아니다

2023년 11월, 의대 정원이 늘어나는 것이 확정됐습니다. 의대 정원 확대는 대통령이 직접 나서서 발표할 정도로 온 국민의 관심사가 되었습니다. 2006년부터 18년째 유지되어 온 3,058명이라는 의대 정원이 늘어남에 따라 마치 의대에 가기도 더 쉬워질 것처럼 보입니다. 하지만 그렇지 않습니다. 의대 정원이 늘어나면 의대에 가고자 하는 수요가 더 일어나 전보다 더 많은 학생들이 의대에 도전할 것입니다. 이미 의대 정원이 확대된다는 이야기에 많은 학생과 학부모들이 의대 입시 준비를 시작하는 경우가 늘었습니다. 의대에 도전하는 인원이 늘어난다면 정시로 의대에 가는 건 오히려 더 어려워질 전망입니다. 그 대신 수시로 의대에 갈 가능성이 조금 더 높아지게 되었습니다. 이 책을 읽은 독자분이라면 좀 더 넓은 문인 수시로 여러분의 자녀를 의대에 보내도록 노력해 주셨으면 하는 바람입니다.

이 책을 끝까지 읽어 보신 학부모님들은 세 가지만 기억하시면 됩니다. 먼저 수학을 잡으셔야 합니다. 수학은 예전이나 지금이나 의대에 가기 위한 입시 공부에서 가장 중요한 과목입니다. 그 다음에는 자녀가 '의사가 되고 싶다.'라는 꿈을 현실로 옮길 수 있는 힘, 인내와 끈기를 기를 수 있도록 든든한 지원자가 되셔야 합니다. 동기부여 없이는 힘든 의대 입시의 길을 걸어가기 어렵습니다. 마지막으로 명심하셔야 할 것은 수시 학생부 종합 전형, 학생부 교과 전형, 논술 전형, 정시 중에서 자녀에게 가장 유리한 전형이 무엇인지 빨리 파악해야 한다는 것입니다. 빠르면 빠를수록 좋습니다. 의대는 준비된 인재를 기다리고 있기 때문입니다.

입시는 늘 누군가에게는 위기고 누군가에게는 기회입니다. 2028학년도부터 개편되는 대학 입시로 인해 현재 중학교 2학년 아래의 자녀를 둔 학부모님들은 불안하실 수 있습니다. 그러나 불안한 것은 현재 중학교 3학년으로 2024년에 고등학교에 입학할 학생과 학부모도 마찬가지입니다. 2027학년도까지는 현행 입시 체제에 있다가 재수를 하게 된다면 내신과 수능 모두 바뀌는 입시 체제에서 한층 불리하기 때문이지요. 그래서 그들은 2027학년도에 무조건 입시를 끝내려고 할 것이고 웬만해서는 재수를 하려고 하지 않을 것입니다. 이렇게 본다면 입시는 오히려 2028학년도에 현역으로 입시를 치를 현재 중학교 2학년 학생에게는 유리하다고 볼 수도 있습니다. 이 책을 끝까지 읽으신 분들이라면 그 방향이 어디를 가리키고 있는지 다 아실 것이라고 자신합니다.

물론 이 책이 의대를 꿈꾸는 상위 20%의 학생에게만 해당하는 남의 나라 이야기처럼 느껴지실 수 있습니다. 마치 어린 시절부터 의대를 준비해야 한다는 당위성의 강조가 초등 성적이 의대를 결정한다는 초등 운명론으로 오해될 여지가 있음을 인정합니다. 그러나 운명론은 의지와 환경으로 극복할 수밖에 없습니다. 수학을 좋아하는 마음과 의사라는 직업에 대한 강한 동기를 가지고 꾸준히 준비한다면 누구나 성적과 학교 생활, 비교과도 잘 챙길 수 있습니다. 우리 아이는 대기만성형이라 어렵고 힘든 공부를 따라갈 수 있을지 걱정되고, 선뜻 의대 입시 준비를 시작하기가 망설여지는 학부모님도 계실 것입니다. 하지만 부모님이 의대 가는 법을 제대로 알면 아이의 잠재력을 깨우실 수 있습니다. 성적은 동기부여에 따라오는 법이지, 성적이 올라간다고 동기부여가 저절로 되는 것은 절대 아니기 때문입니다.

공부가 유전자로만 결정이 된다면 부모가 모두 서울대 의대 출신인 자녀는 태어날 때부터 공부 머리를 타고나 당연히 서울대 의대에 합격할 수 있을 것입니다. 그러나 그런 경우는 많지 않습니다. 15년간 입시 컨설팅을 진행하며 해마다 여러 명의 서울대 의대 합격생을 배출해 왔지만 그 중에서 부모가 모두 서울대 의대를 나온 케이스는 없었습니다. 부모 모두가 서울대 의대를 나와 각각 서울 유명 병원의 교수로 있는 부부의 아들이 성균관대 의대를 수시 학생부 종합 전형으로 간 케이스가 유일한 사례입니다.

공부, 특히 의대 공부는 유전자가 전부가 아닙니다. 가장 먼저 의사가 되겠다는 열정이 필요합니다. 그리고 의사가 되기 위해 고등학교에서 내신, 수능, 비교과를 잘 챙기는 방법들을 구체적으로 알고 실천하는 것이 의대에 합격하는 길입니다. 그 과정에서는 본인의 노력도 매우 중요하지만 학교와 학원, 그리고 학부모의 도움도 반드시 필요하지요.

여론조사에 따르면 초등학교 학부모 중 자녀가 의대에 진학했으면 하는 비율은 52.3%나 됩니다. 실제 초등학생들을 대상으로 실시한 희망 직업 조사에서도 의사가 2위를 차지했습니다. 그러나 중학교, 고등학교에 올라가며 학년이 높아질수록 학생들은 점점 의사라는 꿈과 멀어져 갑니다. 성적이 나오지 않아 꿈을 포기하거나, 어린 시절 과도한 공부에 지쳐 꿈을 포기하게 되는 것이지요.

이 책이 우리 아이들의 꿈을 지켜 줄 수 있기를 바랍니다. 학부모님들께서는 자녀가 꿈을 포기하게 되는 일이 없도록, 이 책을 가이드 삼아 아이가 걸어갈 길의 방향을 잡아 주는 든든한 지원자가 되어 주세요. 그렇게만 한다면 더 이상 의사라는 꿈은 닿지 못할 별이 아닙니다. 여러분의 자녀가 훗날 의사가 되어 열심히 공부했던 지난날을 웃으며 돌아볼 수 있기를 바라며, 이 글을 마칩니다.

의대 합격, 초등 공부에 길이 있다

초판 1쇄 발행 2023년 12월 20일

지은이 신진상
펴낸이 박영미
펴낸곳 포르체

책임편집 김아현
마케팅 김채원 정은주
디자인 황규성

출판신고 2020년 7월 20일 제2020-000103호
전화 02-6083-0128 | 팩스 02-6008-0126
이메일 porchetogo@gmail.com
포스트 https://m.post.naver.com/porche_book
인스타그램 www.instagram.com/porche_book

여러분의 소중한 원고를 보내주세요.
porchetogo@gmail.com